초등학교 때 꼭 해야 할 것 36가지

난 너를 믿어

장수하늘소가 펼치는 교양의 세계

초등학교 때 꼭 해야 할 것 36가지

한혜선 글 / 강화경 그림

난 너를 믿어

초등학교 시절을 풍요롭게 만들어 줄 36가지

요즘 초등학생들은 참 바쁩니다. 학교 다니랴, 학원 다니랴, 독서하랴, 학습지 문제 풀랴…… 정말 몸이 열 개라도 모자랄 지경이에요.

그런데 잠깐만요. 이렇게 학교에서 집, 학원에서 집으로 왔다 갔다 하는 똑같은 생활만 반복하다 보면 나중에 어른이 되어서 남는 기억은 공부밖에 없을지도 몰라요. 그렇다면 우리의 생활은 얼마나 메마르고 딱딱한 것일까요? 초등학교 6년 동안 내내 공부에만 매달려 생활한다는 것이 바람직한 일일까요?

공부, 물론 중요합니다. 하지만 초등학교 생활에서 공부만 중요할까요? 공부 못지않게, 아니 공부보다 더 중요한 일들도 많답니다.

이 책은 우리가 초등학교 6년 동안에 해야 하는 일, 하면 좋은 일, 할 수 있는 일들을 함께 생각해 보려는 의도를 담고 있답니다.

"아휴, 가뜩이나 할 일이 많은데 36가지나 해야 할 일이 있다니……."

혹시 이런 생각을 하며 부담을 느끼는 어린이가 있나요?

하지만 여기서 '해야 할 일'은 여러분의 삶을 풍요롭고 소중하게 해 줄 밑거름이 될 것들이에요.

아무리 바빠도 해야 할 일이 있듯이 이 책에 나온 36가지 일은 초등학생이라면 해봄

직한 것들
로 구성했답
니다. 몸을 건
강하게 하는 일, 정서적
안정을 위한 일, 학교생활을 알차게 할 수
있는 일, 대인관계를 원만하게 할 수 있는 일…….

　이 36가지 일을 적절하게 여러분의 삶에 배치한다면
나중에 어른이 되었을 때 그 일들이 얼마나 소중한 경험
인지를 깨달을 수 있을 거예요.

　읽다 보면 "이런 일들도 해야 해?" 하고 의문이 가는 일
부터 "이 정도는 할 수 있어." 하고 자신감이 생기는 일,
그리고 "이런 일은 꼭 해보고 싶어." 하는 의욕이 생기
는 일까지 다양하게 나와 있음을 알 수 있어요.

　물론 이 책에 나온 36가지를 모두 다 할 수는 없을 거예
요. 나에게 맞지 않는 일들도 있을 것이고, 내가 처한 환경에
서는 할 수 없는 일들도 있을 거예요. 부모님이 동물을 싫어
하는데 애완동물을 키우겠다고 우긴다거나, 엄마가 직장에 다
녀서 바쁜데 생일상을 차려 달라고 조르면 곤란하겠지요?

　그러니까 내가 할 수 있는 일과 해보고 싶은 일들을
분류해서 한 가지 두 가지씩 늘려 가도록 해요. 비슷
한 다른 일로 대체해도 좋고요. 그러다 보면 내 삶이
한결 더 풍요롭고 여유로워질 수 있음을 느낄 거예요.

　여러분, 어떤 것부터 하고 싶은가요? 오늘 당장 실천할 수 있는 일부
터 시작해 보세요.

2012년 3월

한혜선

차례

머리말 **초등학교 시절을 풍요롭게 만들어 줄 36가지** 4

1. **내가 심은 나무 한 그루의 의미** 내 나무가 생겼어요 8
2. **통장 만들어 저축하기** 나는 부자야 13
3. **일기 쓰기** 일기 쓰기? 어렵지 않아 18
4. **올바른 인터넷 활용** 인터넷은 만능 재주꾼 23
5. **집안일 돕기** 엄마는 슈퍼우먼이 아니야 28
6. **인사 잘하기** 네가 나를 모르느냐? 33
7. **서점 나들이** 서점에 다니면 책이 좋아져요 38
8. **할아버지 할머니와 친해지기** 할머니와 할아버지가 좋아요 43
9. **옛 선생님 찾아뵙기** 선생님, 반갑습니다 48
10. **애완동물 키우기** 강아지, 강아지, 우리 강아지 53
11. **개인 문집 만들기** 내가 쓴 글이 모두 모였네 58
12. **피아노 배우기** 아빠, 왜 우세요? 63
13. **소중한 우정 가꾸기** 난 너를 믿어 68
14. **부모님의 심부름하기** 네가 아기였을 때 부모님은 너의 종이었다 73
15. **텃밭 가꾸기** 내가 키운 상추 78
16. **자전거 배우기** 하늘을 달리는 자전거 83
17. **엄마와 함께 요리하기** 세상에서 제일 맛있는 주먹밥 88

18. 문화 센터 체험 학습 작은 천국 허브 농장 93

19. 독서 카드 만들기 내가 이 책을 읽었던가? 98

20. 봉사활동 자장면 한 그릇에 피어나는 사랑 103

21. 등산하기 산이 우리를 부르는 소리 108

22. 수영 배우기 여기는 수영장이 아니다 113

23. 대중교통 이용하기 지하철을 타고 가자 118

24. 어린이 신문이나 잡지 구독하기 첫 번째 독자 123

25. 호신술 익히기 나한테 덤비지 마! 128

26. 수집하기 내 귀중한 보물 133

27. 특기 기르기 어느 무용수와 엄마 138

28. 리더십 키우기 반장이 되고 싶지 않았던 반장 후보 143

29. 텐트 치고 야영하기 하늘을 지붕 삼아 별빛을 등불 삼아 148

30. 나의 뿌리 찾기 네 본관은 어디인고? 153

31. 장래 희망 정하기 30년 전의 약속 158

32. 생일에 친구들을 집에 초대하기 엄마가 차려준 생일상 163

33. 가족 회의 하기 일요일 저녁의 풍경 168

34. 올바른 젓가락질 배우기 한국인은 역시 젓가락질이 최고! 173

35. 전통 문화 체험하기 참 좋은 우리 전통 178

36. 중학교 준비하기 나는 중학생이다 183

초등학교때 꼭 해야 할 것 1가지
내가 심은 나무 한 그루의 의미

내 나무가 생겼어요

집 마당으로 들어서던 슬기는 낯선 묘목을 보고 걸음을 멈추었습니다. 못 보던 나무도 나무려니와 나무 밑에 꽂힌 팻말 때문이었습니다.

강슬기. 2011년 3월 5일

팻말에는 슬기의 이름까지 번듯하게 적혀 있었습니다.
"웬 나무지? 무슨 뜻이지?"
슬기는 얼른 거실로 들어갔습니다. 마침 아빠는 소파에 앉아서 책을 읽고 있었습니다.
"아빠, 마당에 심은 나무 뭐예요?"
"우리 슬기가 그 나무를 보았구나."
"왜 나무 밑에 제 이름이 적혀 있어요?"
"응, 그건 이제부터 슬기 나무야. 슬기가 학교에 입학한 것을 축하하는 마음으로 아빠가 심은 나무란다."

"에이, 시시해."

슬기는 피식 웃음이 나왔습니다. 입학을 축하하려면 그보다 근사한 일이 얼마든지 있을 텐데, 겨우 나무 한 그루라니요?

"시시한 게 아니라 아주 중요한 일이야. 그 나무는 앞으로 슬기가 보살펴야 하거든."

아빠는 비가 오지 않으면 슬기가 물도 주어야 하고, 비바람에 쓰러지지 않게 지켜주어야 한다고 말씀하셨어요. 그러다 보면 나무가 무럭무럭 자라서 슬기보다 키도 더 커지고 튼튼해진다면서요.

"엄마 아빠가 아기를 키우듯이 슬기도 나무를 키워 보렴. 그러다 보면 생명의 소중함도 알게 되고, 무언가를 키운다는 것이 결코 쉽지 않다는 걸 알 수 있을 거란다."

그 말을 들으니 슬기의 마음도 어쩐지 무거워졌습니다.

"예전에 할아버지도 아빠를 위해서 밤나무를 심으셨단다. 밤나무는 아빠와 함께 자랐어. 처음에는 바람이 조금만 세게 불어도 쓰러질 듯 휘청거리더니 나중에는 아빠보다 훨씬 더 커져서 밤송이가 주렁주렁 달리고는 했단다. 그때 아빠도 이다음에 어른이 되면 내 아이를 위해서 나무를 심기로 다짐했었지. 마침 슬기가 학교에 입학했으니 그것을 기념하여 이 일을 하게

된 거야."

 그러고 보니 시골에 있던 밤나무가 생각났습니다. 시골에 갈 때마다 아빠는 슬기에게 밤나무를 보여 주었지요. 그때는 그냥 지나쳤는데 이제 생각하니 그런 역사가 있었던 거예요.

"아마 슬기도 그 나무를 키우다 보면 책임감이라는 것을 알게 될 거야."

아빠의 말은 사실이었습니다. 언제부터인가 슬기도 마당에 나갈 때마다 슬기 나무를 유심히 보게 되었거든요. 바람이 심하게 부는 밤이면 왠지 자꾸 걱정이 되기도 했고요.

'나무가 쓰러지지는 않았을까?'

그러고는 밖으로 나갔다가 작은 나무가 꿋꿋이 서 있는 것을 보면 대견하기도 했어요.

며칠 동안 비바람이 거칠더니, 오랜만에 구름이 걷히고 해가 쨍하고 났습니다. 비에 젖어 있던 슬기 나무는 며칠 동안의 비바람을 견뎌 내더니 전보다 더 건강하고 튼튼한 모습으로 서 있었습니다.

슬기는 슬기 나무 곁에 서서 속삭였습니다.

"슬기 나무야, 건강하고 튼튼하게 자라라. 나도 너처럼 쑥쑥 클게."

슬기 나무의 잎사귀에 송알송알 맺혀 있던 빗방울들이 이슬이 되어 또르르 굴러 내리고 있었습니다.

'알았어, 슬기야.'

나무가 슬기 마음에 대고 조용하게 속삭였답니다.

나무에 대한 짧은 생각

나무는 사람들에게 많은 도움을 주는 식물이랍니다. 나무를 많이 심으면 공기가 맑아지고, 가뭄과 홍수를 막으며, 열매는 먹기도 하지요. 종이며 가구도 나무로 만들고, 집을 비롯한 큰 건물을 지을 때도 나무는 꼭 필요해요. 옛날에는 음식을 익혀 먹거나 난방을 위한 불을 피울 때도 나무가 꼭 필요했지요. 이렇게 나무는 사람한테 큰 도움을 주어 왔고, 나무가 없는 사람의 생활은 상상할 수조차 없어요. 그런데 나무가 이렇게 사람들에게 많은 도움을 주는 데 비해 사람들은 나무에게 무엇을 해주었을까요?

식목일에 나무만 심고 돌보지 않는 일이 얼마나 많은가요? 개발과 거대한 공사로 어마어마하게 많은 나무들이 쓰러져 가기도 해요. 또 작은 실수로 산불을 내서 수십 년 가꾼 나무들을 잿더미로 만드는 안타까운 경우도 많이 있어요.

여러분도 앞으로는 나무에 대해 고마운 마음을 갖고, 나무에게 받은 은혜를 다만 조금이라도 갚을 수 있는 마음을 가져야겠어요.

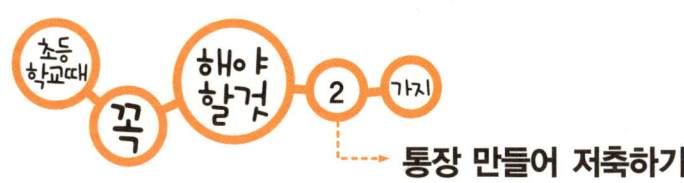

나는 부자야

보람이는 수업이 끝나고 진희와 함께 집으로 가고 있었습니다. 학교 앞 분식점 앞을 지나는데 진희가 머뭇머뭇합니다.

"왜 그래?"

보람이가 진희에게 묻자 진희는 분식점 안을 들여다보며 말했습니다.

"보람아, 떡볶이가 진짜 맛있게 생겼다, 그치? 우리 좀 먹고 갈까?"

진희 말대로 분식점 앞에서 끓고 있는 새빨간 떡볶이를 보니 저절로 입 안에 침이 고였습니다.

보람이는 얼른 자신의 호주머니를 만지작거렸습니다. 아침에 준비물을 사고 남은 동전 몇 개가 짤랑거립니다. 당장이라도 분식점으로 들어가고 싶었지만 얼른 마음을 바꾸었어요.

'안 돼, 용돈을 군것질로 낭비할 수는 없어. 가만, 집에 가서 엄마한테 달라고 해야지.'

보람이는 진희에게 자기의 생각을 얘기했습니다.

"난 집에 가서 엄마한테 떡볶이를 해달라고 할 거야. 먹고 싶으면 너나 먹으렴."

"그럴 줄 알았다, 짠순아!"

진희는 보람이의 별명까지 부르더니 분식점 안으로 혼자 들어갔습니다.

보람이는 집으로 돌아오자마자 엄마를 부르며 말했습니다.

"엄마, 떡볶이 해 주세요."

"떡볶이? 배고프니?"

"아뇨. 오다가 분식점에서 떡볶이 먹으려다가 참고 왔거든요. 그 대신 엄마가 해주세요."

"호호, 우리 공주님 부탁인데 당연히 해줘야지."

엄마는 곧바로 앞치마를 두르고 떡볶이를 만들어 주었습니

다. 어묵과 삶은 달걀까지 넣어 만든 엄마의 떡볶이는 무엇과도 비교할 수 없이 맛있었어요.

오늘은 금요일. 보람이는 떡볶이를 먹고 나서는 은행으로 향했습니다. 한 주 동안 모은 돈을 저금하기 위해서였지요.

보람이는 번호표를 뽑고서 자기 차례를 기다렸습니다. 한 주 동안 모은 이천 원이 보람이의 손에 쥐어져 있었어요.

'어디, 얼마나 저축했나 봐야지.'

보람이는 통장에 적힌 자신의 저축액을 세어 보았습니다.

"일, 십, 백, 천, 만, 십만……. 흐흐, 이십만 원씩이나!"

처음에 통장을 만들 때만 해도 보람이는 이렇게 많은 돈을 모을 수 있을 거라고는 생각하지 못했어요. 학교에 입학하면서 엄마가 통장을 만들었을 때 짜증까지 냈던 보람이었거든요.

"저금할 게 어디 있어요? 용돈도 적은데."

"아무리 용돈이 적더라도 조금씩 아껴서 저금해 보렴. 나중에는 큰돈이 될 테니까."

보람이는 투덜거리면서도 저금을 하기 시작했어요. 처음에는 용돈을 아껴 저금하는 것이 너무 갑갑했어요.

그런데 그 일이 습관이 되니 좋은 점이 많아졌어요. 군것질도 잘 하지 않게 되고, 통장에 숫자가 커 가는 것을 보는 기쁨도 참 새로웠지요. 그 바람에 친구들은 보람이에게 '짠순이'라고 놀리기는 하지만 말이에요.

딩동.

마침내 보람이의 차례가 되었습니다. 보람이는 얼른 창구로 달려가 통장과 돈을 내밀었지요.

"보람이 왔구나. 아유, 착해라."

은행원 언니가 보람이를 보며 활짝 웃어 주었어요.

"앞으로도 꾸준히 저축하렴. 이다음에 좋은 일이 많이 생길 거니까."

은행원 언니가 보람이를 격려해 주었습니다. 은행을 나선 보람이는 하늘의 구름 위를 걸어가는 듯 기분이 좋았습니다.

저금에 대한 짧은 생각

'티끌 모아 태산'이라는 속담이 있어요. 아무리 작은 것이라도 꾸준히 모으면 커진다는 뜻이지요. 여기에 속하는 것은 많지만 그 가운데에는 돈도 포함된답니다.

돈은 우리 생활에서 매우 중요하게 쓰입니다. 우리의 경제 생활은 물건을 사고파는 관계 속에서 이루어지는데, 거기에는 돈이 꼭 쓰이거든요. 그런 만큼 사람들은 돈을 많이 벌려고 애쓰지요.

돈은 버는 것도 중요하지만 잘 쓰는 것도 중요해요. 아무리 돈을 많이 번다고 해도 마구 써 버리면 늘 모자라게 되지요. 그러나 아무리 적은 돈이라도 아껴 쓰고 저축하면 결코 부족하지 않지요.

여러분에게 은행 통장이 있나요? 없다면 오늘 당장 만드세요. 적은 돈이라도 꾸준히 저축하는 습관을 들이는 것이야말로 소중한 재산이 될 거예요. 저축을 하게 되면 불필요한 소비를 줄일 수 있을 뿐 아니라 저축한 돈들이 언젠가는 큰 힘을 발휘하게 된답니다.

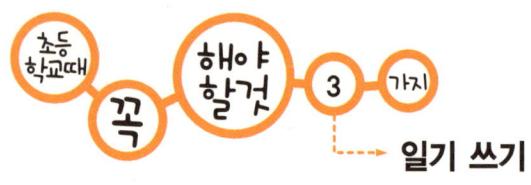

→ 일기 쓰기

일기 쓰기? 어렵지 않아

　　일요일 저녁만 되면 민호는 괴롭습니다. 월요일마다 학교에서 일기 검사를 하기 때문이지요. 한 주 동안 일어난 일을 한꺼번에 쓰자니 뭘 써야 할지 생각이 나지 않습니다. 날씨도 헷갈렸고요. 그래서 민호는 지난 한 주치 신문들을 모아다가 먼저 날씨부터 베껴 썼습니다.

　"화요일 맑음, 수요일 흐림, 목요일도 흐림……."

　그때 엄마가 방에 들어왔어요.

　"민호야, 뭐 하니?"

　"일기 써요."

　"일기 쓰는데 신문이 왜 필요하니?"

　"엄마도 참! 지나간 날들의 날씨를 모르니까 그렇죠"

　"아니, 그럼 일기를 한꺼번에 쓰는 거니? 그게 무슨 일기야? 일기는 그날그날 써야지."

　엄마는 기가 막힌 얼굴로 민호에게 핀잔을 줍니다.

"쓸 것도 없는데 왜 날마다 일기를 쓰라고 하시지?"

"쓸 게 왜 없어? 날마다 다른 일이 일어나는 건 아주 당연한 건데."

그러더니 엄마는 민호 옆에 앉아서 민호의 일기를 읽었습니다.

"뭐야? 일기가 날마다 똑같네? 이런 일기는 아예 쓸 필요가 없지."

"맞아요. 그런데도 선생님은 매주 일기 검사를 해요. 쓸 게 하나도 없는데……."

"과연 그럴까?"

엄마가 잠시 생각하더니 말했습니다.

"오늘 일기는 엄마와 함께 써 볼까? 오늘 있었던 일들 한번 생각해 보자."

"에이, 별것 없어요."

"그렇게 대충 이야기하지 말고. 오늘 아침 먹으면서 아무 일 없었어?"

민호는 오늘 아침 일을 곰곰 생각했습니다. 그러자 한 가지 떠오르는 게 있었습니다.

"소시지만 먹다가 아빠께 혼났어요. 나물도 먹고 김치도 먹으라고 하셨는데."

"그래, 그리고 낮에는?"

민호는 머리를 갸웃거리며 생각해 보았지만, 또 다른 특별한 일은 떠오르지 않았습니다.

"대청소를 했잖아. 아빠는 베란다와 안방 청소를 하고, 엄마는 주방과 거실 청소를 하고, 너하고 민태는 너희들 방 청소했고."

"아, 그렇지."

"그러면 조금 전에는 무슨 일이 있었지?"

"아빠랑 민태랑 목욕탕에 다녀왔어요."

"그래, 오늘 일만 해도 일기 쓸 게 세 가지나 있네. 그 가운데 하나를 골라 쓰면 되지 않을까? 넌 어떤 게 쓰고 싶니?"

"목욕탕에 간 거요."

"목욕탕에서 무슨 일이 있었는지 마음속에 그려 봐. 그림을 그리듯 말이야."

민호는 눈을 감고 생각에 잠겼습니다. 아빠와 민태와 함께 목욕탕에 갔어요. 그 곳에서 같은 반 친구를 만나서 재미있게 목욕을 했지요. 친구와 서로 때를 밀면서 서로 놀리기도 했답니다. 목욕을 끝낸 뒤에 마신 음료수가 그렇게 달고 시원할 수가 없었습니다.

"자, 생각 끝났어?"

엄마의 질문에 민호가 눈을 떴습니다.

"지금 생각했던 일들을 그대로 쓰면 일기가 되는 거야."

엄마의 말이 맞았어요. 마음속에 그렸던 목욕탕에서의 일을 일기로 쓰니 막힘없이 술술 써지지 뭐예요.
"합격! 이 정도면 나무랄 데 없다."
민호가 쓴 일기를 읽은 엄마가 만족스러운 듯 고개를 끄덕였습니다. 민호의 어깨도 저절로 으쓱해졌지요.

일기에 대한 짧은 생각

'어휴, 일기 쓰기는 정말 지겨워. 매일 매일 쓸 이야기도 없는데 대체 뭘 쓴담.'

이런 생각을 하는 친구들이 있나요? 학교에서 일기를 날마다 쓰라고 하는 이유는 우리에게 도움이 되는 것이 많기 때문이에요. 일기를 써서 좋은 점은 무엇일까요? 첫째, 오늘 일을 반성도 해 보고 여러 가지 다른 생각도 해 보게 된다는 거예요. 둘째, 일기를 꾸준히 쓰면 글 쓰는 실력이 늘어나서 어떤 종류의 글이든 잘 쓰게 돼요. 셋째, 나의 생활에 대한 생생한 기록이 되기도 하지요.

특히 셋째의 경우를 강조하고 싶어요. 다음과 같은 마음으로 일기를 쓰는 것이지요.

'일기는 나의 역사책이다.'

지금 썼던 일기를, 먼 훗날 읽는다면 한 편의 역사가 된답니다. 나에게 언제 어떤 일이 있었는가를 알 수 있는 자료 말이에요. 기억도 나지 않는 일인데 일기장에 적힌 내용을 보면서 '나에게 이런 일이 있었구나.' 하는 생각에 신기하기까지 할 거예요.

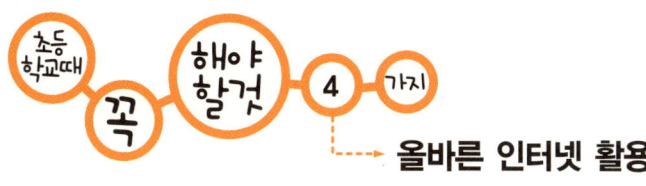

올바른 인터넷 활용

인터넷은 만능 재주꾼

"형, 이제 나도 컴퓨터 좀 하자."
"잠깐만, 이것만 하고."
"벌써 한 시간째잖아. 나도 좀 할래."
"어어? 건드리기만 해봐."

그러다가 동섭이는 신경질을 내며 동생인 은섭이를 툭 쳤습니다.

"건드리지 말라니까. 너 때문에 게임 기록을 못 깼잖아?"

은섭이는 은섭이대로 형이 때렸다며 엉엉 울었습니다. 이 소란을 들은 엄마가 방문을 열고 들어왔습니다.

"너희 또 싸웠니? 너희는 어째 하루도 조용할 날이 없니?"
"엄마, 형이 나 때렸어."

은섭이는 울면서 엄마에게 달려갔습니다.

"동섭이 너 또 게임만 했지? 그리고 형이 되어 가지고 동생에게 양보 좀 할 것이지. 컴퓨터는 너만 하라고 사준 게 아니야."

엄마가 야단을 치자 은섭이는 고소하다는 듯 동섭이를 바라보았습니다.
그때 아빠가 퇴근하여 거실로 들어섰습니다.
"왜 이렇게 시끄러워? 싸우는 소리가 밖에까지 다 들리고."
엄마로부터 이야기를 들은 아빠가 동섭이에게 말했습니다.
"동섭아, 아빠가 보기에도 넌 너무 게임에만 정신을 쏟는 것 같아. 인터넷으로 할 수 있는 것은 게임 말고도 얼마든지 있는데 말이야."
동섭이는 할 말이 없어서 머리만 긁적였어요.

"인터넷으로 할 수 있는 가장 유익한 일은 정보를 쉽게 알아낼 수 있다는 거야. 클릭만 하면 몰랐던 사실을 알게 되잖아? 요즘은 인터넷 접속만 하면 어떤 질문도 빠른 시간 안에 척척 그 답을 알려주니 얼마나 편하고 좋으냐? 인터넷으로 할 수 있는 일이 또 뭐가 있을까?"

아빠의 질문에 은섭이가 얼른 대답했습니다.

"이메일이요!"

"그래, 잘 알고 있구나. 예전에는 이메일 대신 편지를 썼단다. 편지는 전하는 데 시간이 오래 걸리고 중간에 잃어버릴 염려도 있었지. 하지만 이제는 빠른 시간에 친구들에게 소식을 전할 수 있으니 참 편해졌어. 이렇게 컴퓨터와 인터넷은 사람들에게 편리함을 주지만 뭐든지 지나치면 좋지 않은 법이야. 컴퓨터가 하는 역할이 중요하다고 해서 마냥 거기에 빠져든다면 오히려 역효과를 가져 온단다."

"아빠, 그러면 게임을 하면 안 되나요?"

동섭이는 약간 불만스러운 듯이 물었습니다.

"가끔 머리도 식힐 겸 심심풀이로 하는 것은 좋지. 그러나 인터넷의 주된 역할은 정보를 얻고 사람들과 서로 소식을 주고받고 의견을 나누는 데 있단다. 그런데 게임에 몰두하다 보면 정작 정보를 얻는 일에 소홀해지지. 또 너무 인터넷에 빠지다 보면 눈도 나빠지고, 별거 아닌 일에도 쉽게 흥분하는 등 정신 건강에도 안 좋단다."

동섭이와 은섭이는 아빠의 말씀을 귀담아 들었습니다.

"그리고 이 컴퓨터는 우리 동섭이와 은섭이가 공평하게 사용해야 할 물건이야. 그러려면 서로 조금씩 양보하는 마음을 가져야 해. 시간을 정해 놓고 돌아가면서 컴퓨터를 하면 싸울 일도 없을 거야. 앞으로는 컴퓨터 때문에 엄마와 아빠를 속상하게 하는 일이 없기 바란다."

"예, 알겠어요. 앞으로는 게임하는 시간을 줄이고, 저와 은섭이가 시간을 정해서 공평하게 사용할게요."

"약속하는 거지?"

"약속해요!"

동섭이와 은섭이는 입을 모아 합창했습니다.

컴퓨터에 대한 짧은 생각

컴퓨터와 인터넷의 발달로 전 세계 누리꾼(네티즌)들은 정보의 바다를 마음껏 누비고 다닐 수 있게 되었어요. 마우스를 클릭하면서 펼쳐지는 인터넷의 세계는 우주처럼 무한하여 그 끝이 어디인지를 알 수 없을 정도입니다.

그러면 컴퓨터로 할 수 있는 일들은 무엇이 있을까요? 원하는 정보를 검색하고, 이메일을 주고받으며, 오락도 즐길 것입니다. 모두 소중한 기능이지요.

그러나 무엇이든 지나치면 모자람만 못하다고 합니다. 컴퓨터가 학습과 오락의 양쪽 기능을 충분히 해내는 도구라고 해도 거기에 너무 몰두하는 것은 좋지 않아요. 바르지 못한 자세로 오래 앉아 있다 보면 눈도 나빠지고, 운동 부족으로 건강을 해칠 수 있으니까요.

컴퓨터를 하면서 기억해야 할 또 한 가지는 네티즌의 예의를 지켜야 한다는 거예요. '내가 누군지 모를 거야.' 하는 마음으로 상대방에게 함부로 대하는 일은 없어야겠어요.

인터넷은 만능 재주꾼

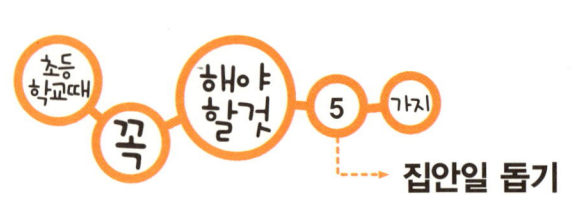

집안일 돕기

엄마는 슈퍼우먼이 아니야

    회사에서 퇴근한 엄마는 집에 들어오자마자 자리에 누웠습니다. 다른 때 같으면 저녁 준비를 했을 엄마인데, 오늘은 자리에 누워 꼼짝도 하지 않았어요.
    현수는 배가 고파서 전기밥솥을 열었지만 밥솥 안은 텅 비어 있었어요.
    "엄마, 배고파요."
    현수가 안방에 누운 엄마에게 갔지만, 엄마는 자리에서 일어날 생각도 하지 않았습니다.
    "밥솥에 밥 없니?"
    엄마가 기운 없는 목소리로 물었습니다.
    "예, 없어요."
    "그러면 중국집에 전화해서 자장면이라도 시켜 먹어."
    "엄마는요?"
    "엄마는 먹고 싶지 않아. 어서 전화하렴."

"엄마, 어디 많이 아파요?"

"글쎄다, 머리가 아프고 몸이 무거워 움직이기 힘들구나."

엄마는 얼굴을 찡그리며 돌아누웠습니다. 현수는 더 이상 말을 붙일 수가 없어서 거실로 나왔습니다. 엄마가 아프다니 걱정이 되었습니다.

중국집에 자장면을 배달시켜서 저녁은 해결했지만, 집안이 텅 빈 느낌입니다.

현수는 집안을 둘러보았습니다. 거실과 방들은 어질러져 있고, 쓰레기통은 가득 차 있었으며, 싱크대에는 설거지할 그릇들이 잔뜩 쌓여 있습니다. 이 모든 일이 엄마가 할 일이었습니다. 갑자기 엄마가 불쌍해졌습니다.

'내가 할 수 있는 일이라도 해놓아야지.'

현수는 우선 설거지부터 했습니다. 수세미에 세제를 묻혀서 그릇들을 닦고는 수돗물을 틀어 깨끗이 헹구었습니다. 그 다음에는 자기 방으로 들어가 책상과 책꽂이를 정리한 뒤에 비로 바닥을 쓸었습니다. 설거지와 방 청소만 했을 뿐인데도 힘이 들었습니다.

'이런 일을 엄마는 매일 했구나. 나도 좀 도울걸.'

현수는 그 동안 엄마가 얼마나 힘들었을지 조금 짐작됐습니다. 엄마가 간혹 심부름을 시키면 짜증냈던 일들이 후회스러웠

습니다.

밤이 되자 아빠가 퇴근하여 집에 돌아왔습니다. 아빠는 엄마가 아프다는 말에 깜짝 놀라며 안방으로 들어갔습니다.

"당신 저녁은 어떻게 했어요?"

엄마는 아파 누웠으면서도 아빠의 식사를 걱정했습니다.

"나는 먹고 왔지. 그나저나 얼마나 아픈 거요?"

"좀 쉬면 나을 거예요."

아빠가 거실로 나왔을 때 현수는 심각한 얼굴로 소파에 앉아 있었습니다.

"아직 안 잤니?"

"예, 아빠하고 의논할 일이 있어서요."

"의논?"

아빠는 궁금한 표정으로 현수의 옆에 앉았습니다.

"엄마가 회사에도 다니고 집안일도 하느라 너무 힘들었던 것 같아요. 아까 제가 설거지랑 방 청소를 하면서 집안일이 참 힘들다는 걸 느꼈어요."

"그래, 그럴 거다."

아빠도 머리를 끄덕였습니다.

"이제부터 저는 엄마를 도와 집안일을 몇 가지 맡아 하기로 했어요. 제 방 청소와 저녁 설거지는 제가 하겠다고 말이에요."

"참 좋은 생각이구나. 아빠도 그런 생각을 했거든. 거실 청소와 재활용 분리 수거와 쓰레기 버리기는 아빠가 맡아서 할게."

이렇게 해서 그날부터 집안일은 엄마 혼자만 하는 것이 아니라 아빠와 현수도 적극 돕기로 했답니다.

집안일에 대한 짧은 생각

집안에서 엄마가 하는 일은 무엇 무엇이 있을까요? 밥 짓기, 반찬 만들기, 설거지, 빨래, 집안 청소······.

이 모든 일이 하루도 거르지 않고 날마다 되풀이되는 일입니다. 더구나 맞벌이를 하는 엄마라면 직장 다니랴, 집안일 하랴, 몸이 두 개라도 모자랄 지경이겠지요.

그런데 집안일은 반드시 엄마만 해야 하는 일일까요? 사람들은 흔히 집안일은 엄마나 여자만 하는 일이라고 생각합니다. 또한 직장에 나가지 않고 집안일만 하는 주부를 집에서 '논다'고 생각하는 경우도 많습니다. 그런데 사실 집안일처럼 어렵고 중요한 일이 없답니다. 또한 여자만 해야 할 일도 아닙니다. 요즘은 직장에 다니는 엄마도 많습니다. 그런 엄마들이 집안일까지 전부 맡아 한다면 얼마나 힘들까요?

'백짓장도 맞들면 낫다'는 속담이 있습니다. 우리가 엄마를 돕는 마음으로 집안일을 맡아 한다면 엄마에게는 굉장히 큰 힘이 될 거예요.

인사 잘하기

네가 나를 모르느냐?

　승기가 아파트 건물 안으로 들어서는데 엘리베이터 문이 닫히고 있었습니다.
　"잠깐만요!"
　승기는 얼른 엘리베이터로 달려가며 소리쳤습니다. 먼저 타고 계시던 할아버지가 '열림' 단추를 눌러서 엘리베이터 문은 다시 열렸습니다.
　'하마터면 한참동안 기다릴 뻔했네.'
　승기는 그 할아버지가 15층에 산다는 것을 알고 있었거든요. 할아버지가 그냥 올라가셨다면 15층까지 올라갔다가 다시 1층까지 내려올 테니 꽤 시간이 걸리겠지요?
　그런데 엘리베이터가 올라가는 동안 할아버지는 승기를 계속 못마땅한 얼굴로 훑어보는 거예요.
　'왜 그러시지? 내가 뭘 잘못했나?'
　바로 그때 할아버지가 좀 나무라는 듯한 목소리로 물으셨어요.

"너 14층에 사는 아이지?"

"예."

"너, 나 모르니?"

승기는 어리둥절하여 할아버지를 보았습니다. 모르는 할아버지는 아니었거든요. 그런데 왜 정색을 하고 말을 건네시는지 알 수가 없었습니다.

"나를 처음 보는 사람이냐 말이다!"

"아니요. 15층에 사시잖아요?"

"알긴 아는구먼. 그런데 왜 아는 어른을 엘리베이터 안에서 만나도 인사를 안 하는 거냐? 게다가 엘리베이터 문을 열어 주었으면 고맙다는 인사라도 해야지."

할아버지는 불쾌한 얼굴로 승기를 나무라셨습니다. 승기는 기분이 나빠져서 집으로 들어왔습니다.

'쳇, 인사하는 건 내 자유인데 괜히 역정이셔. 꼭 인사해야 한다는 법이라도 있나?'

그날 저녁에 승기는 엄마에게 15층 할아버지를 만난 이야기를 했습니다.

"15층 할아버지는 되게 이상하세요. 오늘 엘리베이터를 같이 탔거든요. 그런데 인사도 하지 않는다고 야단치시지 뭐예요. 그 할아버지가 엘리베이터 문을 열어 주셨는데 고맙다는 인사를 하지 않았다고 성을 내시기까지 하고요. 제가 뭐 잘못했나요?"

그 말을 들은 엄마는 깜짝 놀라 승기를 야단쳤습니다.

"당연히 잘못된 행동이지. 15층 할아버지라면 몇 년 동안 한 라인에서 같이 사는 어르신 아니냐? 그러고 보니까 너 인사하는 데 꽤 인색한 모양이구나?"

"어떤 때는 하지만 어떤 때는……."

승기는 말끝을 흐렸습니다. 사실 잘 아는 어른들을 봐도 그냥 지나칠 때가 많았습니다. 일일이 인사하기가 귀찮아서였지요.

"그러는 거 아니야. 엄마도 인사를 하지 않는 아이는 별로 좋게 보이지 않아. 아는 어른들을 만났을 때 밝게 인사하는 게 예의란다. 그리고 자기에게 도움을 준 어른에게는 '고맙습니다.' 하고 인사를 하고, 어른에게 잘못했을 때에는 '죄송합니다.' 하고 인사를 해야지. 인사를 잘하고 예의를 지키면 인정받고 사랑받을 뿐 아니라 스스로 사람 됨됨이를 지켜 나가는 것이기도 하단다."

엄마의 이야기를 들으니 승기는 자신이 오늘 무엇을 잘못했는지 깨달을 수 있었습니다. 인사를 한다는 것은 친근함과 예의의 표시라는 것을 새삼 알게 되었거든요. 생각해보니 15층 할아버지에게 정말 죄송한 마음이 들었습니다. 내일부터는 그 할아버지를 만나면 밝은 얼굴로 "안녕하세요?" 하고 인사해야겠어요.

인사에 대한 짧은 생각

밝은 얼굴로 어른들께 인사하는 어린이는 참 예쁩니다. 편지 같은 우편물을 전해 주는 집배원 아저씨나 택배 배달 아저씨께 "고맙습니다." 하고 인사한다면 그 분들은 몹시 바쁘고 힘들다가도 잠깐 동안 즐거운 마음을 가져 볼 수 있을 거예요. 버스에서 남의 발을 밟았을 때 "죄송합니다." 하고 사과 인사를 한다면 발을 밟힌 사람은 화가 났다가도 금세 풀릴 거예요. 아파트 단지에서 열심히 일하는 경비원 아저씨에게 "안녕하세요?" 하고 인사한다면 그 아저씨는 기분 좋은 하루를 시작할 수 있을 거예요. 이렇게 인사라는 것은 상대방의 마음을 행복하게 해 줍니다.

인사란 사람과 사람 사이를 다정하고 따뜻하게 만드는 행동입니다. 여러분도 가정에서나 학교에서나 인사를 잘하는 어린이가 되세요. 인사를 받는 사람은 물론, 인사를 하는 사람의 마음도 밝고 즐거워질 것입니다.

네가 나를 모르느냐?

→ 서점 나들이

서점에 다니면 책이 좋아져요

"형미야, 아빠 좀 깨워라. 오늘이 서점에 가는 날인 걸 잊었나 보다."

엄마가 아침식사 준비를 하면서 형미에게 말했습니다. 형미는 얼른 안방으로 달려가서 아빠를 깨웠습니다.

"아빠, 어서 일어나세요. 오늘은 서점에 가는 날이잖아요?"

세상모르고 잠에 취해 있던 아빠는 그제야 눈을 번쩍 떴습니다.

"아참, 그랬던가?"

아빠는 자리에서 일어나 허둥지둥 세면대로 갔습니다.

매달 마지막 일요일은 아빠와 함께 서점에 놀러가는 날이거든요. 서점에 놀러간다는 말이 조금 이상하게 들리나요? 하지만 형미에게는 분명히 그랬답니다.

형미는 책 읽기를 별로 좋아하지 않았습니다. 책을 읽으라고 하면 만화책이나 옛날이야기를 읽는 것이 전부였지요. 그런 형미를 보다 못한 아빠는 매달 마지막 일요일마다 서점에 놀러가

자고 제안했습니다.

  처음에는 별로 내키지 않았지만 몇 번 서점에 가다 보니 그 나름 즐거운 일이 생겼습니다. 서점에만 가는 것이 아니라 시내 구경도 하고, 외식도 하고, 가끔 영화 구경을 할 수도 있었거든요. 형미와 아빠의 서점 나들이는 그렇게 시작되었던 거예요.

  "지난번에 산 책들은 모두 읽었니?"

  아빠가 전철 안에서 물었습니다. 형미는 고개를 끄덕였습니다. 지난달에 샀던 세 권의 책은 모두 읽었지요. 그래야 새 책을 살 수 있었거든요.

  어느새 시내의 대형 서점에 도착했습니다. 서점은 많은 사람들로 북적거렸어요.

  형미는 어린이 도서 코너로 가서 새로 나온 책들이 무엇인지, 베스트셀러가 무엇인지 둘러보았습니다. 책장마다 빼곡하게 꽂힌 책들은 가지각색으로 예쁘게 단장한 채 '나를 읽어 주세요' 부탁하는 것처럼 사람들의 손길을 기다리고 있었습니다.

  "그러면 여기서 마음에 드는 책들을 골라보고 있어."

  아빠는 이렇게 이르시고는 어른들이 보는 책들을 둘러보러 자리를 떴습니다. 형미는 얼른 눈여겨보았던 만화책을 골라 뒤적이기 시작했습니다. 그러면 그렇죠! 만화책은 언제 봐도 재미있습니다. 형미의 기대에 어긋나지 않았지요.

형미가 책을 읽는 동안에도 서점에서 일하는 언니 오빠들은 수시로 왔다 갔다 하면서 사람들이 어질러 놓고 간 책들을 정리했습니다. 그것을 본 형미는 자신이 읽은 책은 제자리에 꽂아 놓았습니다. 그래야 언니 오빠들의 수고를 조금이라도 덜어 줄 테니까요.
"형미야, 사고 싶은 책 골랐니?"
언제 왔는지 아빠가 몇 권의 책을 들고 형미 옆에 서 있었습

니다.

"이 책이요."

형미는 자신이 읽고 있던 만화책을 아빠에게 보였습니다.

"만화책만 사려고? 아빠가 보니까 창작 동화며 위인전이며 과학책도 좋은 게 많던데. 자, 이럴 게 아니라 아빠하고 함께 골라보자."

아빠는 형미와 함께 책을 골랐습니다. 대형 서점에 가서 좋은 점은 읽고 싶은 책을 마음껏 고를 수 있다는 것입니다. 그리고 열심히 책을 읽는 사람들을 보면 '나도 책을 많이 읽어야지' 하는 결심을 새로이 하게 됩니다.

이상하게도 아빠가 사준 책은 모두 재미있습니다. 그것은 아빠가 직접 훑어보고 재미있는 책들을 골라주기 때문인가 봅니다. 어른들의 눈에 재미있는 책이 형미 같은 어린이에게도 재미있는 것은 당연한 일이 아닐까요?

그렇지만 형미는 앞으로는 자신이 볼 책은 스스로 선택해야겠다는 생각을 했습니다. 언제까지나 엄마 아빠가 골라주는 책만 볼 수는 없는 노릇이니까요. 좋은 책, 마음의 양식이 되고 지식과 지혜를 넓혀 주는 책을 고르는 힘은, 결국 내가 마음먹기 나름일 테니까요. 서점을 나온 형미와 아빠는 시내 구경도 하고 근사한 외식을 한 것은 물론이지요.

책에 대한 짧은 생각

　미국의 대통령인 링컨은 어려서부터 책읽기를 좋아했어요. 그래서 서점에서 가끔 책을 빌려 보곤 했지요.

　그러던 어느 비 오는 날이었어요. 밤새 내린 비가 천장에서 새는 바람에 링컨이 빌려온 책이 흠뻑 젖고 말았어요. 이 때 링컨은 서점 아저씨에게 사실을 이야기하고 책 값 대신 며칠 동안 일을 해주었어요. 그 책은 당연히 링컨의 것이 되었고요.

　이렇듯 훌륭한 사람들은 독서를 좋아했어요. 책 속에는 우리가 직접 경험할 수 없는 신비하고 지혜로운 세계가 펼쳐져 있어요. 위인들이 역경을 극복한 이야기, 과학의 원리, 세계의 역사, 사람이 해야 할 도리……. 그 모든 지혜와 지식이 책 속에 담겨 있어요.

　여러 종류의 책을 골고루 읽어야 하는 것은 그 때문이랍니다. 음식을 먹을 때에도 편식을 하면 영양을 골고루 균형 있게 섭취하지 못하는 것처럼, 마음의 양식인 독서도 마찬가지예요. 과학책이 좋다고 과학책만 읽는다거나, 전래동화가 재미있다고 전래동화만 읽는다면 불균형한 지식과 감성만 늘게 되는 것이죠.

할아버지, 할머니와 친해지기

할머니와 할아버지가 좋아요

깊은 밤입니다. 보라 아파트 3동 102호에 사는 할아버지와 할머니도 잠이 들었습니다. 그런데 방문이 열리더니 발소리를 죽이며 살금살금 걸어 들어오는 그림자 하나가 있었습니다. 그 그림자는 할아버지와 할머니가 주무시고 있는 자리 한가운데로 쏙 들어갑니다.

할머니는 깜짝 놀라서 잠이 깼습니다.

"누 누구냐?"

"할머니, 저예요."

손자인 한솔이입니다. 목소리를 듣고서야 할머니는 마음을 놓았어요.

"원, 녀석도. 자다 말고 왜 할미 방에 들어왔니?"

"혼자 자니까 심심해서요. 할머니, 옛날이야기 해주세요."

"자다 말고 웬 옛날이야기? 옛날이야기라면 책에도 많이 있잖니?"

"전 할머니가 들려주시는 옛날이야기가 더 재미있어요."

그러자 할머니는 한솔이의 머리를 쓰다듬어 주며 옛날이야기를 시작했습니다.

"옛날 옛날에 개와 고양이를 키우는 할머니, 할아버지가 살고 있었단다. 그 집은 가난해서 할아버지가 물고기를 잡아다가 하루하루를 살았지. 어느 날 할아버지가 물고기 한 마리를 잡았는데 그 물고기가 눈물을 흘리면서 '할아버지, 저를 살려 주세요. 살려 주시면 그 은혜를 꼭 갚겠어요.' 하고 애원하는 게 아니겠니?"

할머니의 옛날이야기가 끝나기도 전에 한솔이는 가볍게 코를 골면서 잠이 들었어요.

여름방학을 맞아 한솔이가 할머니 댁에 놀러온 지 벌써 사흘째입니다. 한솔이는 방학 때마다 할머니 댁에서 일주일 정도 묵다 가곤 했어요.

"이렇게 할머니 집에 오면 엄마 아빠 보고 싶지?"

어느 날 김치를 담그면서 할머니가 물었을 때 한솔이는 고개를 가로저었습니다.

"아니요. 여기 오면 엄마 아빠 생각이 안 나요. 전 할머니 할아버지와 함께 지내는 게 정말 즐거운 걸요."

"정말이냐?"

할머니는 함박웃음을 지었어요.

"그럼요. 할머니가 해주시는 음식도 모두 맛있고, 할머니의 옛날이야기도 재미있고, 할아버지와 장기를 두는 것도 즐거워요. 저는 여기에서 더 오래 있고 싶어요."

"여기 있는 게 즐겁다니 할미도 기쁘구나."

할머니는 흐뭇한 미소를 지었습니다.

그날 저녁 할머니는 삼계탕을 끓였습니다. 할머니는 닭의 부드러운 살을 골라 일일이 찢어서 한솔이의 숟가락에 놓아 주었습니다. 삼계탕 맛은 정말 꿀맛이었어요.

'할머니 손은 요술손인가 봐.'

가끔 한솔이는 그런 생각을 할 때도 있습니다. 할머니의 손은 못 하는 일이 없습니다. 어떤 음식도 짧은 시간에 뚝딱 만들어 내는 것을 보면 놀랍기까지 했습니다. 잡채, 빈대떡, 부침개, 만두, 식혜, 수정과 등등. 또 하나같이 모두 맛있습니다.

이제 며칠 있으면 한솔이는 서울로 올라가야 합니다. 할머니는 한솔이가 서울에 가는 날이 가까워지자 마음이 벌써 섭섭했습니다.

새근새근 잠자는 한솔이를 보며 할머니의 얼굴에 잔잔한 미소가 떠오릅니다.

'우리 예쁜 강아지, 부디 건강하고 착하게 자라려무나.'

할머니는 이불을 걷어차는 한솔이에게 이불을 다시 잘 덮어 줍니다.

할아버지, 할머니에 대한 짧은 생각

할머니 할아버지는 우리의 엄마 아빠를 낳아 주신 분입니다. 그분들이 계셨기 때문에 우리의 부모님이 태어날 수 있었고, 우리도 태어날 수 있었던 거예요.

그분들은 많이 늙으셨고, 행동도 느리고, 귀도 잘 들리지 않으십니다. 그렇다고 하여 할머니 할아버지를 답답하게 생각하거나 귀찮게 여기면 안 됩니다.

할머니 할아버지들은 참으로 힘든 세월을 보내셨어요. 일제 강점기 때 일본의 식민 지배를 받으며 힘들게 사셨고, 육이오 전쟁으로 고난을 당하셨으며, 전쟁이 끝난 뒤에는 혹독한 가난과 싸워야 했거든요. 그분들의 노력과 고생으로 지금의 대한민국이 있는 거랍니다.

여러분은 할머니 할아버지의 성함과 연세를 알고 있나요? 연예인들의 이름과 나이는 줄줄 외면서 할머니 할아버지의 성함과 연세를 모른다면 부끄러운 일입니다.

또한 여러분이 자라서 엄마 아빠가 되듯이 여러분의 엄마 아빠도 언젠가는 할머니 할아버지가 된다는 사실을 잊지 마세요. 물론 여러분 역시 세월이 흐르면 할머니 할아버지가 되겠지요.

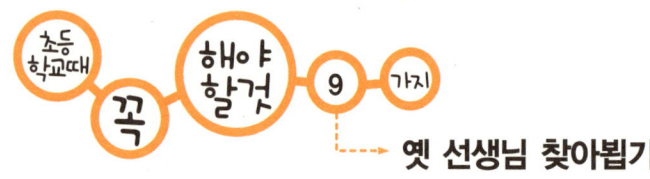

옛 선생님 찾아뵙기

선생님, 반갑습니다

"어머, 너 우성이 아니니?"

놀이터에서 놀고 있던 우성이가 소리가 나는 쪽을 바라보자 그 곳에는 오미영 선생님이 웃는 얼굴로 서 계셨습니다. 오 선생님은 우성이가 유치원에 다닐 때 담임을 맡았던 분입니다. 지금은 퇴근을 하는 길인지 핸드백을 들고 있습니다.

"선생님, 안녕하세요?"

우성이가 인사를 하자 선생님은 반가운 얼굴로 우성이에게 다가왔습니다.

"선생님 기억나니?"

"그럼요. 기억나요."

우성이는 부끄러운 듯 얼굴을 붉혔어요. 삼 년 전의 일이기는 했지만, 우성이는 유치원 초록반 선생님인 오미영 선생님을 기억하고 있습니다.

"우성이 그 동안 많이 컸구나. 지금 3학년인가? 어느 학교 다녀? 공부는 잘하니?"

선생님은 우성이가 대답도 하기 전에 몇 개의 질문을 한꺼번에 던졌습니다.

"바다초등학교 3학년 5반이에요. 선생님도 푸름유치원에 계속 다니세요?"

"그럼. 참, 우성아. 언제 한 번 유치원에 놀러 와라. 원장선생님도 무척 반가워하실 거야."

"놀러가도 되요?"

"당연하지. 우성이가 이렇게 큰 걸 보면 원장선생님도 무척 좋아하실걸."

선생님과 헤어진 뒤에 우성이는 유치원에 다니던 일을 떠올렸어요. 오미영 선생님은 원생들을 다정하게 대해 주었고 예뻐해 주었던, 엄마 같은 선생님이었어요.

무엇보다 우성이가 또렷하게 기억하는 일은 유치원 안에서 여름 캠프를 할 때였어요. 밤이 되었을 때 우성이는 잠도 안 자고 울기만 해서 선생님들을 당황하게 만들었어요. 그때 오미영 선생님은 우성이를 업고는 다정한 목소리로 이야기해 주었어요.

"우성아, 하늘의 별들 좀 봐. 별들은 저렇게 캄캄한 하늘에 떠 있으면서도 무서워하지 않고 반짝이고 있잖니?"

그러면서 선생님은 자장가도 불러 주었답니다. 우성이는 선생님의 자장가를 들으며 스르르 잠이 들었지요.
그때 일을 생각하면 우성이는 지금도 선생님한테 고맙고 죄송합니다.

"엄마, 오늘 푸름유치원 다닐 때 초록반 선생님을 만났어요."
집에 돌아온 우성이가 엄마에게 말하자 엄마는 깜짝 놀랐습니다.
"오미영 선생님? 어디서?"
"놀이터에서요."
"지금도 푸름유치원에 다니신다니?"

"예. 그리고 저한테 유치원에 놀러오라고 하셨어요. 엄마, 나 선생님 만나러 유치원에 놀러가고 싶어요."

엄마도 우성이의 의견에 찬성했어요.

"그래야겠다. 그러잖아도 그 선생님을 한 번 만나 뵙고 싶었던 참인데 잘 되었구나. 참 좋으신 선생님이었지."

그렇게 해서 엄마는 선생님과 전화 통화를 하고는, 푸름유치원에 갈 계획을 잡았습니다.

며칠 뒤 엄마는 김밥, 유부초밥, 샌드위치가 담긴 도시락을 준비하여 우성이와 함께 집을 나섰습니다.

유치원이 가까워지자 우성이의 마음은 콩닥콩닥 뛰었습니다. 유치원 마당에서 놀던 일, 견학 갔던 일, 친구들과 함께 공부하던 일이 어렴풋이 떠올랐습니다.

유치원 마당에서 노는 원생 동생들이 마치 병아리들처럼 귀여웠습니다. 예전에 우성이가 그랬듯이 말이에요.

선생님에 대한 짧은 생각

사람이 태어나자마자 스스로 할 수 있는 일은 아무 것도 없답니다. 엄마 아빠를 비롯해서 많은 어른들의 보살핌과 도움으로 건강하게 탈 없이 성장하는 것이지요.

그렇기 때문에 나를 낳고 길러주신 부모님의 은혜가 가장 크고 위대합니다. 우리가 아기일 때부터 먹이고 재우고 씻기며 사랑으로 돌봐 주셨으니까요.

그러다가 우리가 어느 정도 자라서 단체 생활을 하게 되면 선생님들의 보살핌도 함께 받게 됩니다. 유치원 선생님, 놀이방이나 어린이집 선생님, 초등학교 선생님이 그분들이지요.

선생님들은 우리에게 지식만 가르치시는 것이 아닙니다. 지식의 전달과 함께 인격의 성장도 돕고, 풍부한 감성을 지닌 사람으로 자라도록 많은 사랑을 쏟아 주십니다. 늘 우리가 잘되기를 바라시고, 혹시라도 우리가 잘못될까 마음을 놓지 못하는 참으로 고마운 분들이시지요.

우리를 가르치셨던 옛 선생님을 찾아뵙는 것은 어떨까요? 어느새 이렇게 컸냐면서 대견해 하실 거예요. 혼자 가기 쑥스러우면 엄마와 함께, 또는 유치원 때 친구와 함께 가는 것도 좋은 방법일 거예요.

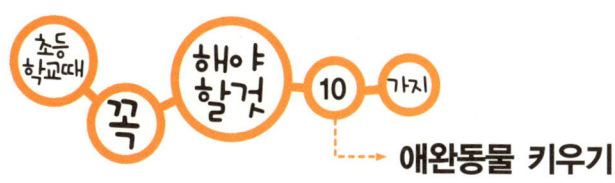

애완동물 키우기

강아지, 강아지, 우리 강아지

"엄마, 강아지 사 주세요."

오늘도 태완이는 애견 센터 앞을 지나면서 엄마를 졸랐습니다. 그러나 엄마는 들은 척도 하지 않고 앞서 걷기만 하는 것이었어요.

"강아지가 참 예쁜데······."

태완이는 아쉬운 표정으로 애견 센터를 지나쳤어요.

얼마 전에 태완이네 집 근처에 애견 센터가 문을 열었습니다. 동물을 좋아하는 태완이는 그날부터 엄마한테 강아지를 사달라고 조르는 것이 일이 되었습니다.

"승민이네도, 영수네도 샀단 말이에요. 우리도 사요, 네?"

태완이가 자꾸 조르자 엄마는 버럭 화를 냈습니다.

"무조건 사달라고만 하면 어떻게 해? 동물 키우는 일이 얼마나 힘든데. 너, 작년에도 병아리를 사왔다가 한 주도 되지 않아서 죽었던 것 기억 안 나?"

엄마가 그 이야기를 하면 태완이도 할 말이 없습니다.

작년에 길에서 파는 병아리를 한 마리 사온 일이 있었습니다. 엄마는 펄쩍 뛰었지만, 태완이는 자신이 키울 수 있다면서 큰 소리를 쳤어요. 하지만 병아리는 사흘 만에 죽고 말았습니다. 그때 태완이는 얼마나 슬퍼했는지 모릅니다.

"그것 봐라. 동물을 키우는 게 마음만 먹어서 쉽게 되는 일이 아니야. 그 동물이 잘 자라도록 책임질 수 없다면 아예 맡지 않는 것이 좋아."

태완이도 엄마의 말씀을 모르는 게 아닙니다. 그러나 애견 센터가 생기고 나니 마음이 달라졌습니다. 강아지는 길에서 파는 병아리와는 다르다는 생각이 들었고, 이번에는 정말 잘 키울 수 있을 것 같았거든요. 그런 마음을 몰라주는 엄마가 원망스럽기도 했습니다.

"웬만하면 한 마리 사주지. 저렇게 보채는데."

어느 날인가 아빠가 슬쩍 그 이야기를 꺼냈지만, 엄마의 태도는 완강했습니다.

"그런 소리 말아요. 샀다 하면 그때부터 개가 아니라 상전이에요. 똥 치워야지, 예방 접종 해야지, 산책 시켜야지, 아프면 치료해야지, 목욕시켜야지……. 그 일을 누가 다 해요?"

"글쎄, 그렇기는 한데 태완이가 저렇게 원하니까 그렇지."

"그냥 둬요. 저러다 말겠지요."

그러던 어느 날 시장을 봐오던 엄마는 뜻밖의 광경을 보고 발걸음을 멈추었습니다. 애견 센터 앞에 태완이가 쪼그리고 앉아서 안을 구경하고 있는 것이 아닙니까? 언제까지 저럴까 지켜보았는데 아무리 시간이 흘러도 태완이는 일어설 생각을 하지 않았습니다.

그 모습을 지켜보던 엄마의 입가에 미소가 떠올랐습니다.

'저렇게까지 좋아하는 줄은 몰랐네. 녀석, 언제까지 저럴 셈인지.'

엄마는 태완이에게 다가가 태완이의 어깨에 손을 얹으며 물었어요.

"어떤 강아지가 제일 예쁘니?"

"어, 엄마!"

태완이가 믿어지지 않는 듯 엄마를 올려다보았어요. 으레 화를 내며 야단칠 줄 알았는데 엄마의 목소리는 뜻밖에도 다정했던 것입니다.

"저기 있는 하얀 강아지요."

"네가 그렇게 갖고 싶다니 네 말대로 강아지를 사줄게."

"예? 정말이요?"

태완이의 두 눈이 알사탕처럼 동그래졌습니다.

"그래, 그 대신 한 가지 약속을 하자. 똥 치우는 일과 산책시키는 일은 태완이 네가 책임지고 맡아 해야 해. 어때, 할 수 있겠니?"

"예! 물론이지요!"

태완이는 금방이라도 하늘로 날아오를 듯, 기쁨이 가득한 얼굴이었습니다.

애완동물에 대한 짧은 생각

요즘에는 애완동물을 키우는 집들이 많아졌어요. 예전에 비해 살기가 좋아져서 마음의 여유가 생겼기 때문이겠지요. 하지만 애완동물을 키우는 일을 심심풀이나 재미로 시작해서는 안 됩니다.

동물도 사람처럼 아픔을 느끼고, 슬프거나 기뻐하는 마음을 갖는 소중한 생명체입니다. 다만 말로 표현 못 하는 것뿐이지요. 아무리 동물이라고 해도 주인이 자신을 사랑하는지 학대하는지 잘 알고 있답니다.

애완동물을 키우는 사람들이 늘어나면서 학대받고 고통받는 애완동물들도 늘어나고 있어서 안타깝습니다. 길을 가다 보면 집도 없이 떠돌아다니며 쓰레기통을 뒤지는 동물들을 볼 수 있을 것입니다. 애완동물이 병들었거나 늙었다고 하여 버리는 사람들이 많다는 증거입니다. 그것은 참으로 무책임한 행동이지요.

일단 자신이 선택하여 맡은 생명체라면 끝까지 보살펴야 합니다. 그것이 생명에 대한 최소한의 책임감이며 예의가 아닐까요?

강아지, 강아지, 우리 강아지

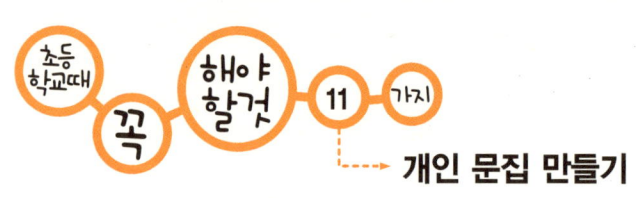
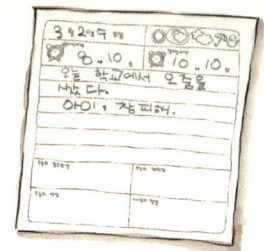

개인 문집 만들기

내가 쓴 글이 모두 모였네

"이게 뭘까?"

서재에 놓인 수십 권의 공책들과 원고지 뭉치가 현우의 발걸음을 멈추게 했습니다. 현우는 공책의 표지를 훑어보았습니다. 그 공책들은 현우가 예전에 썼던 일기장들이었어요.

"어라? 이거 내 일기장들이잖아?"

내친김에 원고지 뭉치들도 훑어보니, 그것도 현우가 썼던 독후감이며 동시들이었습니다.

"이게 어디서 났을까? 엄마가 다 버린 줄 알았는데……."

현우는 얼른 엄마에게 달려갔습니다.

"엄마, 서재에 있는 내 일기장들 버리는 거지요?"

"그거 봤니? 버리긴 왜 버려? 여태까지 모아 놓은 건데."

"그걸 왜 모아요?"

현우는 엄마의 마음을 알 수가 없었습니다. 선생님들한테 다 검사받은 예전의 일기장과 글짓기들을 모을 필요가 뭐가 있을까요?

"현우 너는 어려서 잘 모르겠지만, 그것도 먼 훗날 아름다운 추억이 되는 거야. 엄마는 그걸 현우 글씨체로 그대로 복사해서 문집을 만들 거야."

"문집이요?"

현우는 왠지 기분이 이상했습니다. 문집은 학교에서나 만드는 건 줄 알았는데 현우 혼자만의 문집이라니, 쑥스럽기도 하고 우습기도 했습니다.

"지금 한번 쭉 읽어 봐. 굉장히 재미있을걸."

엄마의 말에 호기심이 생긴 현우는 아예 일기장과 원고지들을 자기 방에 쌓아 두고 읽어 내려가기 시작했어요. 1학년 때의 그림일기부터 보는데 글씨도 삐뚤삐뚤하고 그림도 굉장히 웃겼어요.

3월 2일 수요일 날씨 : 갬
오늘 학교에서 오줌을 쌌다. 아이, 창피해. (1학년)

"음, 내가 1학년 때 오줌을 쌌었군. 정말 창피한 일이네."

현우는 자기가 쓴 일기를 읽느라 어떻게 시간이 가는지도 모를 정도였어요.

일기를 다 읽고 난 다음에는 독후감을 읽기 시작했어요.

'흥부와 놀부'를 읽고

놀부 아저씨, 저는 현우예요.

아저씨는 정말 나빠요. 그렇게 부자면서도 보물이 탐이 났나요? 보물을 얻으려고 제비 다리를 부러뜨리다니요.

제비가 얼마나 아팠겠어요?

그러니까 벌을 받아서 박에서 도깨비와 똥만 나왔잖아요.

독후감을 읽던 현우는 피식 웃음이 새나왔습니다. 자기가 쓴 것이지만 정말 재미있었거든요.

"엄마, 지금 읽어 보니 굉장

히 웃겨요. 내가 정말 이런 글을 썼어요?"

현우는 일기장과 원고지들을 서재에 도로 갖다 놓으며 엄마에게 말했습니다.

"나중에 어른이 되어서 읽으면 더 재미있고 신기할걸. 엄마도 몇 군데 읽어 보다가 웃음이 나서 혼났어. 현우야, 그 작품들 문집으로 만들면 근사하겠지? 두고두고 간직했다가 나중에 네 아이들한테 보여 주면 굉장히 좋아할 거다."

현우는 미래의 일을 생각만 해도 웃음이 났습니다.

앗! 그런데 한 가지 곤란한 일이 생겼네요 아빠는 초등학교 1학년 때까지 오줌을 쌌다고, 먼 훗날 현우의 아들딸이 놀리면 어떻게 하지요? 아빠 체면이 말이 아니잖아요? 이것 참, 야단났네.

개인문집에 대한 짧은 생각

여러분의 어린 시절이 담긴 사진첩을 꺼내보면 웃음이 날 것입니다. 백일 사진, 돌 사진, 유치원 시절의 사진들에 담긴 여러분의 모습이 어떤가요? 내가 이렇게 작을 때가 있었나 싶고 어찌 보면 촌스럽기도 합니다. 하지만 그 사진들을 소중히 간직해 두는 것은 여러분의 추억이 담겨 있기 때문이에요.

사진에 여러분의 모습이 담겨 있다면 글에는 여러분의 생각이 담겨 있어요. 비록 삐뚤삐뚤한 글씨이고 맞춤법도 틀리지만, 예전의 글들을 읽다 보면 여러분의 생각이 얼마나 자랐는지 짐작할 수 있어요.

1학년 때부터 썼던 여러분의 글을 버리지 말고 모아 두세요. 그리고 그 글들을 한 권의 문집으로 만들어 보세요. 글씨체도 그대로 복사해서요. 그렇게 만든 문집은 여러분이 어른이 되었을 때 또 하나의 추억을 만들어 줄 거예요.

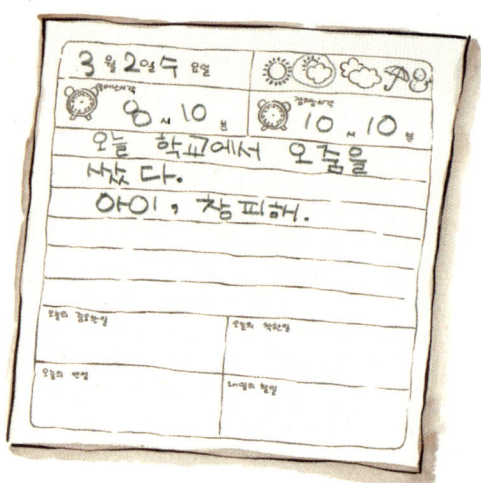

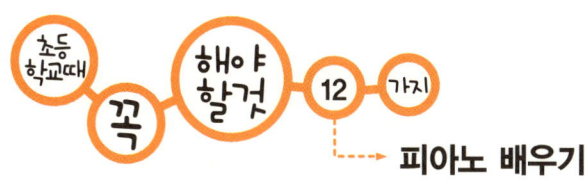

피아노 배우기

아빠, 왜 우세요?

윤아는 요즘 피아노 콩쿠르에 나가기 위해 열심히 피아노 연습을 하고 있습니다. 피아노 학원에서도 연습하고 집에 와서도 계속 이어졌습니다.

한 번은 숙제를 하던 동생 윤정이가 짜증을 냈습니다.

"아이, 시끄러워. 공부를 할 수가 없네."

그 말에 윤아도 발끈했습니다.

"뭐라고? 언니는 손가락에 쥐가 나도록 열심히 연습하는데 도와주지는 못할망정 짜증을 내고 난리야."

"언니가 대회에 나가는데 나더러 뭘 도와달라는 거야?"

"그러니까 가만히 있으라고. 연습에 집중할 수가 없잖아."

그때 아빠가 퇴근해 집으로 들어오시면서 감탄한 얼굴로 물었습니다.

"좀 전에 들렸던 피아노 연주곡을 누가 친 거니? 윤아일까, 윤정일까?"

"저예요, 아빠. 근데 왜요?"

"아하, 윤아였구나. 정말 대단한걸. 아빠는 우리 집에 뛰어난 피아니스트가 있다는 걸 오늘 처음 알게 됐단다, 하하."

아빠의 칭찬에 윤아는 쑥스러운 듯 웃었습니다.

"아빠, 콩쿠르에 나갈 정도면 다들 그 정도는 쳐요."

"어쨌든 아빠는 놀랐어. 우리 큰딸, 정말 대단해. 아빠는 아주 자랑스럽단다."

그 말을 할 때의 아빠의 얼굴은 무척 설레는 듯했습니다.

콩쿠르를 앞둔 어느 일요일 저녁이었어요. 윤아는 온 가족이 모여 있는 가운데 콩쿠르 연주곡을 연습하고 있었어요. 연주가 끝나자 가족들은 모두 박수를 했어요.

아빠는 잠시 망설이더니 쑥스러운 듯 말했어요.

"윤아야. 아빠는 그 노래 한 번 들었으면 좋겠는데."

"무슨 노래요?"

"왜 있잖아. 즐거운 곳에서는 날 오라 하여도 내 쉴 곳은 작은 집 내 집뿐이리……."

아빠가 조용히 노래를 읊조렸습니다.

"아, '즐거운 나의 집'이요? 그건 너무 쉬워서 시시한데."

"아빠는 예전부터 그 노래를 좋아했어. 사람 마음을 참 따뜻하게 하는 노래거든. 좀 들려 주라."

아빠의 간절한 부탁에 윤아는 '즐거운 나의 집'을 천천히 연주하기 시작했습니다. 그런데 연주가 끝났을 때 아빠는 눈시울이 붉어지더니 고개를 푹 숙이는 거였어요.

"아빠, 왜 그러세요?"

윤정이가 놀라서 물었습니다. 엄마와 윤아도 어리둥절하여 아빠를 보았습니다.

잠시 말을 잇지 못하던 아빠가 겨우 입을 열었습니다.

"아빠가 어렸을 때 할아버지가 사업에 실패하신 적이 있었어. 그때 우리 식구는 모두 뿔뿔이 흩어져야 했단다. 아빠도 아빠의 외삼촌댁에서 일 년 정도 살아야 했어. 참 외롭고 힘든 때였지. 식구들이 보고 싶어서 울기도 참 많이 울었단다."

"아……."

"어느 날 학교에서 돌아오는데 이층으로 멋지게 지은 어느 집에서 그 노래를 피아노로 연주하는 소리가 들려오는 거야. 그 연주에 맞추어서 한식구인 듯한 사람들이 노래를 따라 부르는데 어찌나 부럽던지. 마치 나와는 다른 세계에 사는 사람들처럼 느껴졌거든. 그런데 지금 우리 윤아가 그 노래를 연주하고 우리 식구가 이렇게 모여 있는 모습을 보니까 갑자기 행복해지면서 눈물이 나는구나."

아빠는 눈물을 흘리면서도 웃음을 짓고 있었습니다. 아빠의 말을 듣던 윤아도, 윤정이도, 엄마도 모두 눈물이 나오는 것을 참느라 애썼습니다.

피아노에 대한 짧은 생각

도 레 미 파 솔 라 시……. 일곱 개의 음계가 빚어 내는 음악의 세계는 화려하고 아름답습니다. 동요에서부터 모차르트, 베토벤, 쇼팽에 이르는 음악가들의 명곡도 바로 여기에서부터 시작된다는 것은 신비로운 일입니다. 하얀 건반과 검은 건반의 오묘한 조화는 세상의 모든 음악을 소화할 수 있는 악기의 구실을 톡톡히 합니다.

피아노라는 말에는 어쩐지 '강제'라는 의미가 스며 있는 것처럼 느껴집니다. 그것은 피아노를 배우기 위해서는 기술적인 반복 훈련이 필요해서일 것입니다. 그렇지만 예술과 창작 활동에는 반드시 거듭거듭 되풀이해야만 하는 훈련이 있어야 합니다. 그 기술을 습득해야 아름다운 예술을 꽃피울 수 있으니까요.

음악이 있는 가정은 아름답습니다. 또한 피아노가 놓인 거실에는 왠지 모를 넉넉함과 함께 정신적인 안정이 느껴집니다. 어른들 중에는 어렸을 때 피아노 소리가 들려오는 집을 지나치며 부러움의 눈길을 보냈던 사람들이 있습니다. 그것은 반드시 물질적 풍요로움이 부러워서는 아니었을 것입니다.

초등학교 때 꼭 해야 할 것 13가지

→ 소중한 우정 가꾸기

난 너를 믿어

학교 수업이 끝나갈 무렵에 미라의 짝 보미가 갑자기 소리쳤습니다.

"선생님, 제 돈이 없어졌어요!"

반 아이들이 모두 보미를 쳐다보았습니다.

"어디에 두었는데? 네 자리나 가방은 잘 찾아보았니?"

선생님이 당황한 얼굴로 보미에게 가까이 다가갔습니다.

"다 찾아보았지만 없어요."

보미는 책상에 엎드려 훌쩍이기 시작했습니다. 선생님이 반 아이들에게 물었습니다.

"여러분, 혹시 보미의 돈을 주운 사람 있어요?"

그렇지만 어느 누구도 손을 들지 않았어요.

"보미야, 혹시 집에서 안 가져온 것 아니니?"

선생님은 보미에게 조심스럽게 물었지만, 보미는 도리질을 했습니다.

"아니에요. 분명히 아침에 용돈을 받아서 가방에 넣어 가지고 왔어요. 점심시간 전까지만 해도 있었어요."

선생님은 아이들을 둘러보며 물어보았어요.

"오늘 점심시간이 끝나고 가장 먼저 교실에 들어온 사람이 누구죠?"

그때 성희가 무심코 중얼거렸어요.

"미라가 가장 먼저 들어온 것 같은데. 내가 교실에 왔을 때 미라 혼자 있었어."

주변 아이들의 눈길이 미라에게 쏠렸습니다. 미라의 얼굴이 금세 붉게 물들었어요. 선생님이 미라에게 물었습니다.

"미라야, 교실에 들어왔을 때 뭔가 이상한 점 없었니? 누가 교실에서 급하게 나왔다던가……."

"아니요. 그런 일 없었어요."

그러자 아이들이 웅성거렸어요.

"이상하다. 그럼 누가 돈을 가져간 거지?"

"미라는 보미 짝이잖아."

미라는 친구들이 자신을 의심한다는 것을 느끼고 눈앞이 캄캄해졌어요.

"선생님, 전 보미의 돈에 대해서는 아무것도 몰라요."

미라는 금방이라도 울 것 같은 얼굴로 선생님에게 호소했습니다.

선생님은 가볍게 한숨을 쉬며 반 아이들을 향해 말했어요.

"누구나 실수는 할 수 있고 잠시 마음을 잘못 먹을 수도 있어요. 중요한 것은 그 잘못을 빨리 깨닫고 뉘우쳐야 한다는 거예요. 누군지 모르지만 빨리 돈을 주인에게 돌려주기 바랍니다. 여러분의 양심을 믿겠어요."

선생님의 말이 끝나자 반 아이들은 책가방을 챙겨서 웅성웅성 교실 밖으로 나갔습니다. 그러나 미라는 발걸음이 떨어지지 않았습니다.

'난 정말 아닌데. 난 보미가 돈을 가져온 것도 몰랐어. 그런데 점심시간이 끝나고 가장 먼저 교실에 들어왔다는 이유로, 그리고 보미 짝이라는 이유로 누명을 쓰게 생겼어.'

미라는 기운 없이 교실 문을 나섰습니다. 몇 명씩 무리를 지어서 집으로 가던 미라네 반 아

이들은 미라를 보며 자기들끼리 숙덕대기 시작했어요. 모두 미라를 도둑으로 의심하는 것 같았어요.

그때였습니다.

"미라야, 같이 가자."

미라를 부르는 소리에 돌아보니 친구인 은영이가 달려오고 있었습니다.

"은영아, 나는 도둑이 아니야. 난 보미의 돈에 대해서는 정말 몰라. 너만이라도 내 진심을 알아주었으면 좋겠어."

미라는 기어이 울음을 터뜨렸습니다.

"당연히 나는 너를 믿어."

은영이가 미라를 껴안았어요. 미라는 자신을 믿어주는 친구가 단 한 명이라도 있다는 사실이 정말 고맙게 느껴져서 자꾸만 눈물이 흘러내렸어요.

친구에 대한 짧은 생각

중국 제나라 때 관중과 포숙이라는 친구가 있었는데, 포숙은 어떤 상황이 닥쳐도 관중을 믿어주고 이해했다고 합니다. 그래서 친구 사이의 진실한 우정을 '관포지교'라고 한답니다.

여러분에게는 관중과 포숙 같은 친구가 있나요?

친구가 많다고 좋은 것이 아닙니다. 단 한 명이라도 진정한 친구를 가지는 것이 중요하지요.

그러면 어떤 친구가 좋은 친구일까요? 나에게 좋은 일이 있을 때 진정으로 기뻐해 주는 친구, 나에게 어려운 일이 있을 때 진심으로 걱정해 주며 도와주려는 친구랍니다. 또한 진정한 친구란 좋은 일이 있을 때보다 어려운 일이 생길 때 더 잘 알 수 있어요. 좋은 일에는 함께해도 어려운 일에는 멀리하는 친구들이 많으니까요. 내가 힘들어할 때 내 곁에 있으면서 함께해 주는 친구라면 그 우정은 어떤 어려움에도 무너지지 않을 것입니다. 중요한 사실은, 좋은 친구를 얻기 위해서는 내가 먼저 좋은 친구가 되어야 한다는 것이지요. 여러분은 어떤 친구인가요?

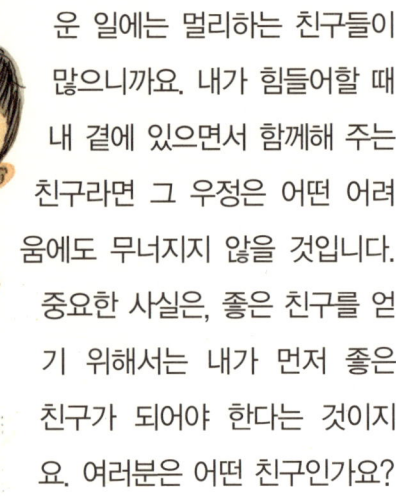

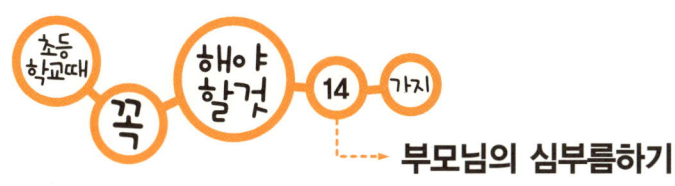

부모님의 심부름하기

네가 아기였을 때 부모님은 너의 종이었다

"상현아, 슈퍼마켓에 가서 두부 좀 사와."

엄마가 저녁 준비를 하면서 심부름을 시켰지만, 상현이는 고개를 저었습니다.

"엄마, 저 공부하느라고 바빠요."

다음날에는 아빠가 심부름을 시켰습니다.

"상현아, 아빠 구두 좀 닦아 줄래?"

"얼마 주실 건데요?"

"이 녀석아, 구두 하나 닦으면서 무슨 돈을 달래?"

"돈을 주지 않으시면 구두 안 닦아요."

상현이는 다시 컴퓨터 게임에 몰두합니다. 상현이는 엄마 아빠가 심부름만 시켰다 하면 짜증이 납니다. 엄마 아빠가 할 일을 자신한테 미룬다는 생각이 들어서였지요.

그러던 어느 날 밤 상현이는 알 수 없는 이상한 느낌에 잠에서 깼습니다. 어둠 속에 한 소년이 서 있는 모습이 보였어요. 소년은 상현이와 눈이 마주치자 못마땅한 듯 말했어요.
"참 못됐어."
상현이는 깜짝 놀라서 자리에서 벌떡 일어났어요.
"도 도둑이야!"
"도둑이라니? 나는 천사야."
"무슨 천사가 날개도 없냐?"

상현이는 소년을 의심스러운 눈길로 노려보았어요.

"천사라고 다 날개를 가져야 한다는 법이 있어? 어쨌든 나는 네가 태어났을 때부터 너를 봐왔던 천사야. 원래는 사람 앞에 모습을 보일 수 없는데, 도저히 안 되겠다 싶으면 이렇게 나타나기도 하지. 물론 이런 경우는 백만분의 일 확률도 안 되지만."

상현이는 도저히 믿을 수 없는 사실에 얼떨떨하기만 했습니다.

"그런데 지금 왜 내 앞에 나타난 거야?"

"네가 너무 못됐으니까. 너는 왜 그렇게 엄마 아빠의 심부름을 안 하니?"

"귀찮으니까 그렇지. 엄마 아빠가 얼마든지 하실 수 있는 일이잖아?"

"엄마 아빠는 여태까지 너를 키우느라 애쓰셨는데, 그런 작은 심부름도 못 하니?"

천사는 상현이를 점잖게 나무랐습니다.

"너에게 보여 줄 게 있어."

그 순간 눈앞에 웬 갓난아기가 보였습니다.

"이 아기는 누구야?"

상현이의 질문에 천사는 피식 웃었습니다.

"십 년 전의 너야."

"뭐? 이 아기가 나라고?"

"그래. 이 아기가 어떻게 하루를 지내는지 똑똑히 봐."

그때 아기가 울기 시작했습니다. 그러자 엄마가 나타나서 아기를 끌어안고 젖을 먹입니다.

"우리 아가, 많이 배고팠구나?"

조금 뒤에 아기가 또 울어댔습니다. 이번에는 아빠가 나타나서 아기를 안고 얼러 줍니다.

"우리 아가, 심심했구나?"

아기가 또 울기 시작했습니다. 이번에는 엄마가 다가와 아기의 기저귀를 갈아주며 말합니다.

"우리 아가, 응아했구나."

그 모습을 지켜보던 상현이는 아기가 너무 얄미워져서 자기도 모르게 소리쳤습니다.

"야, 네가 나라지만 정말 너무하다. 엄마 아빠가 네 종이냐? 어쩌면 그렇게 엄마 아빠를 부려 먹냐?"

그러자 천사가 기다렸다는 듯 말했습니다.

"이제 알겠니? 네가 아기였을 때 네 부모님은 너의 종이었어. 거기에 비하면 심부름 정도는 아무것도 아닐 텐데?"

상현이는 할 말이 없어졌습니다. 그러다가 상현이는 문득 침대에서 벌떡 일어났습니다. 잠시 전의 일이 꿈인지 생시인지 아리송했습니다.

심부름에 대한 짧은 생각

엄마 아빠는 아기를 돌볼 때 잠시도 아기에게서 눈을 떼지 않는답니다.

아기는 울음으로 자신의 의사를 표시하기 때문에 그럴 때마다 엄마 아빠는 아기에게 필요한 것을 채워 줍니다. 배가 고픈가 싶어 젖병을 물리고, 기저귀가 젖었나 싶어서 기저귀를 살피고, 졸린가 싶어서 잠을 재웁니다. 아픈 것이 아닐까 하여 이마도 짚어 봅니다. 또한 옷을 입혀 주고, 목욕을 시켜 주고, 안아 주고 업어 줍니다. 마치 주인을 섬기는 종처럼 아기를 돌봐 주지요. 그것은 아기가 제 힘으로 할 수 있는 일이 아무것도 없기 때문입니다. 그렇게 힘들고 정성스럽게 우리를 키워 주신 부모님입니다.

이제 부모님이 심부름을 시키면 거절하지 않고 기쁜 마음으로 할 수 있겠지요?

네가 아기였을 때 부모님은 너의 종이었다

→ 텃밭 가꾸기

내가 키운 상추

찬희네는 얼마 전에 아파트에서 일반 주택으로 이사했습니다. 일반 주택으로 옮겼을 때 누구보다도 좋아한 사람은 할머니였습니다.

"사람은 뭐니 뭐니 해도 흙냄새를 맡고 살아야지. 그래야 사람이 사는 재미가 나지."

할머니가 이사 와서 가장 먼저 하신 일은 마당에 조그만 텃밭을 만든 것이었습니다. 아빠가 땅을 파서 흙을 뒤섞더니 그 다음에 할머니는 거기에 씨앗들을 심었습니다. 처음에 찬희는 그것이 꽃씨인 줄 알았습니다.

"할머니, 그건 무슨 꽃씨예요?"

"꽃씨가 아니라 상추씨야."

"상추도 씨가 있어요?"

"그럼, 식물은 모두 씨가 있지. 그리고 상추뿐 아니라 고추와 가지도 심을 거야. 여기에서 상추가 자라고 고추와 가지가 주렁주렁 달릴 생각을 해 보렴. 얼마나 예쁘겠니?"

'이게 정말 싹이 터서 상추가 될까?'

찬희는 그리 탐탁치가 않았습니다. 원래 채소를 좋아하지 않는데다가 시장이나 마트에 가면 얼마든지 살 수 있는 것이라는 생각이 들었기 때문이지요.

'사먹으면 되는데 왜 이렇게 힘들게 심을까? 할머니가 심심하신가 봐.'

찬희는 그렇게 결론지었습니다. 할머니가 예전에는, 그러니까 아빠가 어렸을 때는 농사를 지었다고 합니다. 아마 텃밭을 가꾸면서 농사짓던 옛 일을 떠올리는 것인지도 모르지요.

그런데 이상한 일이었습니다. 막상 상추를 심으니까 언제나 싹이 날까, 언제나 먹을 수 있을까 하여 찬희의 마음이 설레는 것입니다. 찬희는 마당을 지나갈 때마다 텃밭을 한 번씩 살펴보는 습관이 생겼습니다.

한 주가 지났을 때 마침내 상추가 싹이 텄고 할머니는 상추 가꾸기에 정성을 기울였습니다. 찬희는 삐죽삐죽 몸을 내밀며 자라는 상추가 신기하게만 생각되었습니다. 찬희도 그 뒤로는 마당을 오고가면서 상추를 살펴보고 할머니가 시키는 일도 했습니다.

어느 날 저녁이었습니다.

"오늘 반찬은 뭘 하죠? 식구들도 입맛이 별로 없는 것 같은데 뭘 해야 맛있게 먹을까요?"

엄마가 밥을 지으며 할머니에게 물었습니다.

"잠깐만 기다려라."

할머니가 얼른 마당으로 나갔어요. 그러고는 얼마 지나지 않아 상추가 가득 담긴 소쿠리를 가지고 들어왔습니다.

"오늘 반찬은 상추쌈이 어떻겠니?"

"어머, 벌써 이렇게 자랐어요? 그러잖아도 반찬거리가 마땅치

않아 고민했는데 잘 됐네요. 여기에 된장찌개만 끓이면 다른 반찬이 필요 없겠어요."

엄마가 상추를 씻으며 좋아했습니다.

"직접 키우신 상추라고요? 와, 정말 기대되는데요."

아빠도 싱글벙글 웃으며 안방에서 나왔습니다.

그날 저녁 식탁에는 텃밭에서 가꾼 상추가 한 바구니 올라왔어요. 식탁 가운데에는 된장찌개가 보글보글 끓고 있었고요.

"이거야말로 무공해 채소네? 입맛이 절로 도는걸."

아빠는 입을 크게 벌리고 상추쌈을 맛나게 먹었습니다.

찬희도 자기가 돌보고 가꾼 상추라 그런지 평소와는 다르게 맛있다고 느꼈습니다. 다른 반찬에는 손이 가지 않을 정도로 상추쌈 하나만으로도 맛있게 먹은 저녁식사였습니다.

텃밭 가꾸기에 대한 짧은 생각

요즘은 베란다나 마당에 채소를 가꾸는 사람들이 많아졌어요. 키우는 재미도 재미려니와 귀한 무공해 채소를 먹을 수 있기 때문이지요. 벌레를 죽이려고 사용하는 농약이 사람의 건강까지 해치는 결과를 가져 온 이유도 있답니다.

우리는 벌레 먹은 채소를 꺼리지만 사실 벌레 먹은 채소야말로 농약을 덜 쓴 채소라는 증거를 보여 준다는 이야기도 있지요.

마트에 가서 채소를 파는 곳에 가 보면 친환경, 유기농이라는 이름을 붙인 채소들은 다른 것에 비해 훨씬 비싼 가격표를 붙이고 있답니다.

여러분도 작은 텃밭을 가꾸어 보면 어떨까요? 마당이 없다면 베란다 한쪽에 만들어도 되지요.

엄마 아빠와 함께 상추나 고추 따위를 키우면 여러 가지 보람을 얻을 수 있어요. 식물이 자라는 모습도 볼 수 있고, 우리 입에 채소가 들어오기까지 얼마나 많은 노력과 정성이 필요한지 알 수 있으니까요.

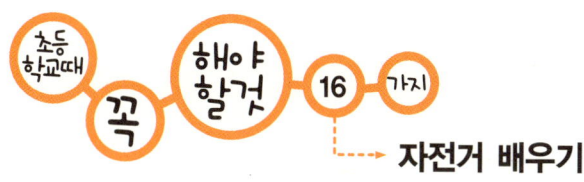

자전거 배우기

하늘을 달리는 자전거

어릴 때 타던 세발자전거와는 다릅니다. 아빠가 사온 두 발 자전거에 처음 앉았을 때 수진이는 두려움까지 느꼈습니다.

"아빠가 꼭 붙들어 줄 테니까 너무 무서워하지 말고."

손잡이를 조종하는 것이나 페달을 밟는 것은 금방 익숙해졌지만, 아빠가 뒤에서 붙잡아 주지 않으면 도저히 앞으로 나아갈 수 없을 것 같았습니다.

"이제 아빠가 손을 놓아 볼까?"

"아 안돼요! 무섭단 말이야!"

수진이는 아빠가 손을 놓았나 하여 얼른 뒤돌아보았습니다.

"손 놓지 말아요, 절대로! 넘어진단 말이에요."

"알았어. 어서 앞이나 보고 달려."

수진이의 자전거 배우기는 진전이 없었습니다. 아빠가 손을 놓기만 하면 수진이는 잠시도 버티지 못하고 자전거와 함께 넘어져 버렸습니다. 수진이는 자전거 배우기에 자신이 없어졌습니다.

"아빠, 나 자전거 못 배우겠어요."

마침내 수진이는 아빠께 그렇게 말하기까지 했습니다. 그 말을 들은 아빠는 실망스러운 표정을 지었어요.

"그러면 이 자전거는 어떻게 하고? 우리 수진이 타라고 제일 예쁘고 좋은 걸로 사왔는데."

오빠인 강우가 수진이를 비웃었습니다.

"야, 넌 4학년이나 된 애가 아직 자전거도 못 타냐? 너보다 작은 애들도 씽씽 잘만 타더라."

수진이는 오빠의 비웃음에 아무런 반박도 할 수 없었습니다.
"아빠, 제가 수진이를 코치해 볼게요."
강우가 나서서 제의했지만 수진이는 내키지 않았어요. 수진이에게서 약점만 잡으면 옳다구나 하고 구박하던 강우입니다. 그런 강우가 자전거를 가르쳐 주면서 얼마나 무시하고 비웃겠어요?
그러나 아빠가 자전거를 사촌동생한테나 줘야겠다고 하는데다가, 오빠가 잘 가르치겠다고 살살 달래는 바람에 수진이는 그 제의를 받아들여야 했습니다. 사실 새 자전거를 사촌동생에게 주기는 너무 아까웠으니까요.

"이럴 줄 알았어. 잘 가르쳐 준다고? 속은 내가 바보지."
수진이는 땅바닥에 주저앉아 엉엉 울었습니다. 둔하다느니, 겁쟁이라느니 하는 말을 거침없이 해대는 강우 때문에 울음이 터져 나온 것입니다.
"야, 여기서 이러고 있으면 어떻게 해?"
"몰라 몰라! 나, 자전거 안 탈 거야!"
수진이가 울음을 그치지 않자, 강우가 갑자기 태도를 바꾸었습니다.
"자꾸 놀린 건 미안해. 네가 하도 겁이 많으니까 답답해서 그러지."

강우의 목소리는 조금 전과는 달리 부드러워졌습니다.

"이제 놀리지 않을게. 조금만 더 해 보자, 응?"

수진이는 훌쩍거리며 다시 자전거에 올라탔습니다. 강우는 이제 수진이를 윽박지르지 않았습니다.

강우가 잡아 준 채 한참 달리던 수진이는 어느 순간 이상한 느낌이 들어 뒤를 돌아보았습니다. 강우가 저만치 떨어진 곳에서 수진이를 향해 손을 흔들고 있었어요. 이럴 수가! 수진이 혼자 자전거를 타고 있었던 것입니다.

"내가 혼자 달렸어?"

수진이는 꿈을 꾸는 것 같았습니다. 두 개의 바퀴로 땅을 박차고 달리는 기분은 신비롭고 짜릿했습니다. 어느새 푸른 잔디가 푸른 하늘이 되어 펼쳐졌습니다. 마치 그 하늘을 달리는 느낌이었어요.

자전거에 대한 짧은 생각

"따르릉 따르릉 비켜 나세요 자전거가 나갑니다 따르르릉……."

자전거를 탈 줄 알면 참 신날 거예요. 시원한 바람을 맞으며 푸른 하늘을 안고 앞으로 달리면 가슴이 탁 트이는 기분이 들겠지요?

어릴 때 타던 세발자전거는 페달만 밟을 줄 알면 앞으로 나갔는데, 두 발 자전거는 타기가 그리 쉽지 않습니다. 두 개의 바퀴로 중심을 잡아야 하니까요.

두 발 자전거를 배우려면 몇 번이고 넘어지는 아픔을 겪어야 합니다. 그렇지만 배우고 나면, 자전거는 좋은 친구가 되어 준답니다. 자전거 하나로 먼 거리를 달리는 상쾌함! 자전거와 내가 하나가 되어 달리는 기분은 말로 표현하기 힘들 거예요.

여러분, 자전거를 탈 때는 다른 사람을 다치게 하지 않도록, 그리고 자신도 차를 조심하면서 안전하게 타세요.

하늘을 달리는 자전거

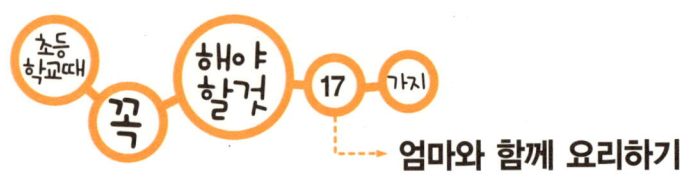

엄마와 함께 요리하기

세상에서 제일 맛있는 주먹밥

"얘가 왜 이렇게 음식을 가려 먹지?"

엄마는 오늘도 식탁에 앉아 음식 투정을 하고 편식을 하는 유빈이를 보면서 걱정이 태산 같습니다. 유빈이는 김하고 햄, 달걀프라이에만 젓가락이 갈 뿐, 김치나 멸치볶음은 거들떠보지도 않았습니다.

"유빈아, 멸치도 먹어 봐. 얼마나 고소한데."

"김치를 먹어야 건강해져."

엄마가 아무리 타일러도 유빈이는 고개를 절레절레 흔들었습니다.

"김치는 매워서 싫어요."

"멸치는 너무 딱딱해요."

안 먹는 것은 그 이유랍니다. 아빠는 유빈이의 그런 모습을 보니 슬그머니 화가 나나 봅니다.

"굶겨야 해. 배에서 쪼르륵 소리가 나야 가리지 않고 먹을걸.

우리 때는 없어서 못 먹었는데……. 배가 불러서 그러는 거야."

하지만 엄마의 생각은 달랐습니다. 싫어하는 음식에 뭔가 변화를 주어서 먹게 해야 된다는 것이지요. 그러다가 엄마는 좋은 생각이 떠올랐습니다.

어느 날 오후, 학교에서 돌아온 유빈이에게 엄마가 한 가지 제안을 했습니다.

"유빈아, 엄마하고 주먹밥 만들래?"

"주먹밥이 뭐예요?"

"응, 밥에 맛있게 양념을 한 다음에 거기에 반찬을 넣고 손으로 뭉쳐서 먹는 거야."

"와, 재미있겠다!"

다행스럽게도 유빈이는 호기심이 가득한 표정입니다.

이렇게 해서 엄마와 유빈이의 '주먹밥 만들기'라는 게임이 시작되었습니다. 엄마는 우선 찬밥을 프라이팬에 담은 뒤 참기름과 깨소금을 넣고 볶았습니다. 그리고 멸치볶음도 만들고, 김치도 맛있게 볶아 따로 담았습니다. 옆에서 유빈이는 자기가 할 일이 올 때까지 차례를 기다리고 있었지요. 냄새만 맡아도 침이 넘어갔습니다.

"자, 이제 유빈이도 할 수 있는 일이니까 같이하자."

엄마는 일회용 비닐 장갑을 꺼내서 유빈이 손에 끼워 주었습

니다.

"엄마를 따라서 하면 돼."

엄마는 양념한 밥에 멸치볶음도 넣어서 뭉치고 김치볶음도 넣어서 뭉쳤습니다. 그렇게 하니까 동그랗고 예쁜 주먹밥이 완성되었어요.

유빈이도 엄마를 따라서 주먹밥을 뭉치기 시작했지요. 처음에는 잘 되지 않았는데 계속 만들다 보니 모양이 점점 나아졌답니다. 어느새 식탁에는 엄마표 주먹밥과 유빈이표 주먹밥들이 나란히 줄을 지어 섰습니다.

이제 즐거운 시식 시간이 돌아왔습니다. 밥과 반찬으로 먹었던 때와는 다르게 멸치볶음을 넣은 주먹밥도, 김치볶음을 넣은 주먹밥도 맛있고 재미있게 먹을 수 있었습니다.

"유빈아, 어때? 멸치볶음이랑 김치랑 맛있니?"

"예. 여태까지 먹었던 것보다 아주 맛있어요."

그날부터 엄마는 유빈이가 별로 좋아하지 않는 반찬을 이용해서 주먹밥을 만드는 일이 많아졌습니다. 소고기볶음 주먹밥이나 참치김치 주먹밥, 나물 주먹밥 등 반찬만 바꾸면 새로운 메뉴의 주먹밥이 탄생하는 것도 유빈이에게는 재미있는 일이었습니다.

가장 보람 있었던 일은 이제 유빈이가 엄마와 함께 요리하는 것을 즐거운 놀이로 생각하게 되었다는 것이지요. 물론 지금은 엄마의 일을 돕는 보조 요리사에 지나지 않지만, 언젠가는 누구의 도움 없이도 요리를 척척 하게 될 거예요.

참! 한 가지 신기한 일이 생겼어요. 유빈이가 요리를 직접 하면서 반찬투정이 부쩍 줄어들었다는 거예요.

엄마와 함께 하는 요리에 대한 짧은 생각

세상에서 가장 맛있는 요리는 엄마가 해주는 요리랍니다. 엄마가 한 음식에는 정성과 사랑이 듬뿍 담겨 있기 때문이에요.

그런데 여러분은 그런 엄마의 정성을 몰라주는 행동을 하지는 않나요? 맛이 없다면서 불평하거나, 좋아하는 음식만 골라 먹는 것 말이에요.

그럴 때 엄마들은 참 속상해요. 가족이 맛있게 먹기를 바라는 마음으로 열심히 요리한 보람이 없으니까요.

앞으로는 여러분도 엄마가 요리할 때 함께 돕도록 하세요. 아주 쉽고 간단한 일부터 시작하는 거예요. 여러분이 할 수 있는 일부터 엄마의 일을 돕다 보면, 한 끼 식사가 되기까지 엄마가 쏟는 정성과 사랑이 얼마만큼 큰지 느낄 수 있을 거예요.

그리고 이제부터는 식사를 할 때면 무엇이든지 맛있게 먹도록 노력하세요. 엄마는 여러분이 음식을 골고루 잘 먹을 때 참으로 기쁘답니다.

문화 센터 체험 학습

작은 천국 허브 농장

생각이나 했겠어요? 문화 센터를 통해서 여행을 가게 될 줄을요. 그렇지만 그것은 사실이었습니다. 여름방학을 이용해서 도서관 문화 센터에서는 여러 가지 '체험 학습'을 실시했지요. 그 체험 학습 가운데 하나가 '허브 농장 견학'이었어요.

예은이는 엄마와 함께 문화 센터에서 주관하는 체험 학습에 가기로 했습니다. 아빠의 휴가가 겹쳤다면 아빠도 같이 갈 수 있었는데, 그러지 못해서 아쉬웠습니다.

"아빠도 같이 갔으면 좋았을 걸."

예은이가 아쉬워하자 아빠는 예은이의 뺨에 뽀뽀를 하며 말했습니다.

"그 대신 우리 예은이가 허브 향기를 잔뜩 묻혀 오면 되잖아? 아빠는 그 향기를 맡으면서 허브 농장에 같이 간 것으로 상상할게. 그리고 다음 기회에 아빠가 차를 몰고 같이 가면 되지."

아빠의 위로를 들으니 예은이의 마음도 좀 나아졌습니다.

어쨌든 예은이는 소풍을 앞둔 것처럼 마음이 설레었답니다. 혹시라도 비가 올까 봐 마음이 조마조마했는데 다행스럽게도 날씨가 아주 맑았지요.

문화 센터에서 대절한 관광 버스를 탈 때부터 예은이의 가슴은 콩콩 뛰기 시작했어요. 예은이 또래의 친구들도 많이 타서 정말 소풍을 가는 기분이 들었어요.

"야! 정말 예쁘다."

몇 시간 동안 버스를 타고 가서 도착한 허브 농장은 생각보다 훨씬 아기자기하고 예쁜 공간이었습니다. 땅 위에

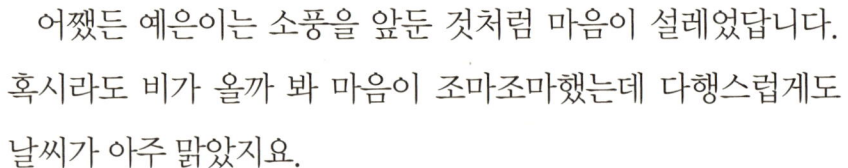

만든 작은 천국이라고 할까요? 사람들은 연방 탄성을 지르며 사진기와 휴대폰으로 허브의 모습들을 담느라 바빴답니다.

그렇지만 엄마는 사진을 찍는 것보다는 허브의 예쁜 모습을 감상하는 것이 더 중요하다고 말했어요. 사진 찍는 데 열중하다 보면 정작 허브 농장의 아름다움을 놓치기 쉽다는 것이지요.

와, 허브 농장이라서 그런지 그곳의 모든 물건들은 허브 중심으로 이루어져 있었습니다. 허브 차, 허브 양초, 허브 비누, 허브 방향제…….

단체로 여행을 간 것이기에 정해진 시간 안에 움직여야 하는 것이 조금 불편했어요. 그렇지만 그 대신 인솔하시는 선생님으로부터 충분한 설명을 들을 수 있어서 상식을 넓히는 데 많은 도움이 되었습니다.

예은이는 이곳에 오기 전까지는 허브가 어느 식물의 이름인 줄만 알았습니다. 하지만 알고 보니 향기를 내는 식물들을 통틀어 허브라고 한대요.

로즈마리, 라벤더, 페퍼민트 등등, 허브의 생김새 못지않게 허브의 이름들도 무척 예뻤습니다. 또 허브는 우리나라에도 있다고 합니다. 파, 마늘, 생강, 창포, 쑥갓, 박하, 미나리 등이 우리나라 허브래요.

자유 시간이 주어지자 예은이는 엄마와 함께 산책을 했습니다. 사방에서 퍼져 나오는 은은한 허브 향기에 취할 것 같았습니다.

엄마와 함께 고르고 골라서 산 허브 화분과 방향제, 양초 등을 갖고 집으로 돌아왔을 때 예은이의 마음은 정말 뿌듯했습니다. 엄마에게서도 허브 향기가 솔솔 풍기는 걸 보니 예은이에게서도 분명히 그랬겠지요?

"와, 집안에 허브 향기가 가득한데? 여러분은 허브 나라에서 온 요정들인가요?"

아빠는 엄마와 예은이를 향해 농담을 건넸습니다.

그러고 보니 허브 농장의 향기를 그대로 집으로 옮겨온 느낌이 들었습니다. 향수와는 다른 천연의 허브 향기가 집안을 가득 메우고 있었어요.

문화 센터에 대한 짧은 생각

언제부터인가 마을 가까운 곳, 그러니까 지역 도서관을 비롯해서 동사무소, 공공 공연장을 중심으로 문화 센터가 생겨나 지역 주민들 대상의 교육 기관으로 자리 잡기 시작했어요. 주부와 직장인들은 물론 어린이들을 대상으로 하는 프로그램도 많아져서 누구나 원하기만 하면 다양한 교육을 받을 수 있게 되었어요.

어린이들이 문화 센터의 프로그램들만 두루 배워도 다양한 경험을 할 수 있다는 것은 바람직한 현상입니다. 논술, 음악, 미술, 체육 등을 중심으로 하는 이론과 실기 교육도 중요하지만, 방학을 이용하여 펼쳐지는 체험 학습은 여러분의 배움터를 자연으로 이끌어 주기에 더욱 마음이 끌립니다.

자연을 배운다는 것은 보람 있는 일입니다. 그러나 바쁜 현대의 삶 속에서 자연을 벗할 기회를 찾기란 그리 쉬운 일이 아닙니다. 그러고 보면 문화 센터의 체험 학습은 모르던 사람들이 하나의 단체가 되어 자연을 배울 수 있는 좋은 기회가 된다고 할 수 있겠지요.

작은 천국 허브 농장

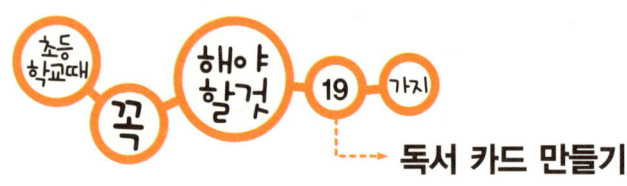

독서 카드 만들기

내가 이 책을 읽었던가?

"준서야, 네 책꽂이에 왜 똑같은 책이 두 권이나 있니?"
준서의 책장을 정리하던 엄마가 의아한 듯 물었습니다.
"이것 봐. 《플란더즈의 개》가 두 권이나 있네? 이게 어떻게 된 일이니?"
엄마의 말은 사실이었어요. 준서의 책장에는 똑같은 출판사의 똑같은 제목의 책이 두 권 꽂혀 있었던 것입니다. 준서는 겸연쩍은 듯 머리를 긁적였습니다.
"집에 있는 줄도 모르고 도서관에서 또 빌려 와서 그래요."
"너, 이 책 안 읽었었니?"
"예전에 읽기는 읽었어요. 그런데 내용이 잘 생각나지 않아서 읽었는지 안 읽었는지 헷갈려서요. 집에 갖고 와서 보니 저한테 있는 책이었어요."
준서의 변명을 듣는 엄마의 얼굴에 미소가 번졌습니다.
"준서야, 책을 많이 읽는 것도 중요하지만, 책을 꼼꼼하게 읽는 것도 중요하단다. 얼마나 건성으로 읽었으면 집에 있는 책인지, 내용이 어떤 것인지도 몰랐겠니?"

엄마는 이 기회에 준서에게 올바른 독서 교육을 시켜야겠다고 결심했어요. 아무리 책 백 권을 읽는다 해도 그 내용을 기억할 수 없다면 읽으나마나라고 생각한 것입니다.

"앞으로는 책을 읽고 나면 꼭 독서 카드를 쓰도록 해."

엄마의 말에 준서는 펄쩍 뛰었습니다.

"독서 카드요? 독후감을 쓰라고요? 으아, 싫어요! 독후감 쓰려면 얼마나 힘든데요."

"독후감이 아니라 독서 카드라니까?"

"독후감이 아니에요? 독서 카드는 어떻게 쓰는 건데요?"

준서는 안도의 한숨을 쉬면서도 한편으로는 미심쩍은 듯 엄마의 눈치를 보았습니다. 그럴 수밖에 없지요. 학교에서 내주는 독후감 숙제만으로도 머리가 아픈데 엄마까지 독후감을 쓰라고 한다면? 후유, 생각만 해도 괴로운 일입니다.

엄마는 준서에게 독서 카드를 쓰는 방법에 대해서 가르쳐 주었습니다.

"우선 책의 제목을 쓰고, 그 다음에는 책을 읽은 날짜, 지은이, 출판사 그리고 간단한 내용을 적으면 돼. 내용을 쓸 때는 주인공들과 간단한 사건 등을 적으면 되고. 이렇게 독서 카드를 쓰면 내가 어떤 책을 읽었는지, 몇 권의 책을 읽었는지 한 눈에 알아볼 수 있거든."

이렇게 해서 그 날부터 준서는 독서 카드를 쓰게 되었습니다. 엄마의 말대로 독서 카드를 쓴 뒤로는 읽은 책인지, 아닌지를 쉽게 구분할 수 있었고 읽은 책에 대한 내용 정리가 되어 좋은 점이 많아졌답니다.

자, 준서가 독서 카드를 어떻게 썼는지 살짝 들여다볼까요?

제목

알프스의 소녀

읽은 날짜

2012. 4. 5

지은이

요한나 슈피리

출판사

△△출판사

구입 경위

서점에서 사다

내용

나오는 사람들 / 하이디, 할아버지, 클라라, 피터

하이디는 알프스 산에서 할아버지와 산다. 프랑크푸르트의 부자인 클라라네 집으로 간다. 클라라는 다리가 아프다. 알프스 산이 생각나서 병에 걸린다. 알프스 산으로 돌아온다. 클라라도 놀러 온다.

독후감에 대한 짧은 생각

이야기 책을 읽은 뒤에는 느낌과 감동이 생기기 마련입니다. 등장 인물들의 장단점, 이렇게 되었다면 좋았을 걸 하는 아쉬움, 내가 그 처지였다면 어떻게 행동했을까 하는 생각 등. 이렇게 책을 읽은 뒤에 일어나는 느낌을 적은 글을 독후감이라고 합니다.

그런데 독후감을 쓰라고 하면 무조건 글의 줄거리로 가득 채우는 어린이가 많습니다. 그리고 느낌이라고는 '재미있었다'라는 단 한마디로 끝을 내지요. 이것은 올바른 독후감이 아니랍니다.

느낌을 쉽게 쓰는 방법을 알려줄게요. 책에서 기억나는 장면 몇 가지를 적고 그 상황에 대한 자기의 생각을 써 나가면 됩니다. 또 주인공에게 편지하는 형식으로 독후감을 써도 좋답니다. 책의 주인공이 내 친구라고 생각하여 편지를 하는 거예요.

책을 읽은 뒤에 독후감을 쓰는 이유는 책에 대한 내용을 다시 한 번 생각하고 그 생각을 정리할 수 있기 때문입니다. 그러나 책을 읽을 때마다 독후감을 쓰는 일이 벅차다면 독후감 대신 독서 카드를 쓰는 것도 좋답니다.

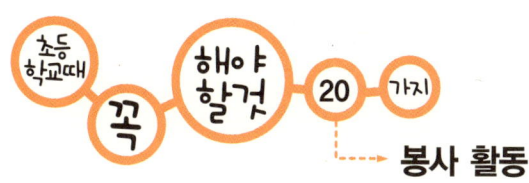

봉사 활동

자장면 한 그릇에 피어나는 사랑

"수아야, 일찍 나오렴. 점심때면 사람들이 많이 몰려오니까."

일요일 아침에 엄마 아빠는 아직도 침대에서 뒹굴고 있는 수아에게 이런 말을 남기고 집을 나섰습니다.

'오늘이 그날인가?'

수아는 달력을 보았습니다. 빨간 동그라미가 그려진 숫자를 보니 아니나 다를까, 첫째 주 일요일이었습니다.

그날이 무슨 날이냐고요?

엄마 아빠는 집 근처에서 작은 중국집을 하고 있는데 매달 첫째 주 일요일이면 특별한 봉사를 한답니다. 그 동네에서 어렵게 홀로 사시는 할머니 할아버지들과 소년소녀 가장들에게 무료로 자장면을 대접하는 일이었어요. 엄마 아빠가 그 일을 한 지도 벌써 일 년이 되어 갑니다.

수아는 세수를 하고 옷을 입고는 엄마 아빠가 일하는 중국집으로 달려갔습니다. 중국집 안에는 벌써 많은 어르신들과 어린이들이 앉아서 음식이 나오기를 기다리고 있었어요.

아빠는 주방에서 열심히 자장면을 만들었고, 엄마는 손님들로 가득한 홀에서 음식을 날랐습니다. 수아도 엄마를 도와 자장면을 날랐어요.

감자, 양파, 양배추, 돼지고기를 듬뿍 넣은 자장면을 본 사람들은 기대에 찬 얼굴로 자신의 차례가 오기를 기다렸습니다. 그리고 자장면이 자기 앞에 놓이면 '후루룩' 소리를 내며 눈 깜짝할 새에 먹어 치우는 것이었습니다. 맛있게 자장면을 먹는 사람들의 모습을 보니 수아도 기분이 좋아졌습니다.

수아는 처음에 엄마 아빠가 무료 봉사를 시작했을 때 불만이 많았더랍니다.

"왜 힘들게 음식을 만들어서 사람들에게 공짜로 줘요? 그러면 우리가 손해잖아요?"

그때 아빠는 이런 말을 했습니다.

"배고픈 사람에게 밥 한 그릇을 주는 것처럼 소중하고 아름다운 일은 없단다. 우리의 작은 봉사로 많은 사람들이 행복해하는 모습을 보면 아빠 마음이 얼마나 기쁜지 몰라."

아빠의 말은 사실이었어요. 자장면을 다 먹은 뒤에 엄마 아빠의 손을 잡으며 고맙다고 눈물을 글썽이는 할머니 할아버지들도 있었으니까요. 아이들도 가게를 나가면서 엄마 아빠에게 허

리를 90도씩이나 구부려 인사를 하는 것이었어요.

점심때가 지나자 사람들은 모두 가고 가게 안에는 수아네 세 식구만 남았습니다. 수아는 엄마를 도와 식탁에 놓여 있는 빈 그릇들을 주방으로 나르고 설거지도 했습니다.

"엄마, 힘드시죠?"

설거지가 끝나고나서 수아가 묻자 엄마는 땀을 닦으며 말했습니다.

"힘이야 들지만 마음은 아주 뿌듯하단다. 우리가 조금만 노력하면 이렇게 많은 사람들이 작은 행복을 누릴 수 있잖니?"

아빠도 엄마의 말에 고개를 끄덕였습니다.

"엄마 아빠는 이 일을 더 자주 하고 싶어. 지금은 비록 한 달에 한 번밖에 못 하지만 앞으로는 점점 그 횟수를 늘려서 한 주에 한 번씩 불우한 이웃에게 맛있는 음식을 대접하고 싶단다."

수아는 그런 말을 하는 아빠가, 그리고 그런 아빠의 마음을 이해하며 아빠를 도와주는 엄마에 대해서 무한한 존경심이 생겼습니다.

'우리 엄마 아빠는 이 세상에서 가장 훌륭한 분들이야.'

수아 역시 팔다리가 쑤시고 온몸이 뻐근했지만 마음은 날아갈 듯 가벼웠으니 참 이상하죠?

봉사에 대한 짧은 생각

이 사회에는 어렵고 힘들게 사는 사람들이 많습니다. 끼니를 제대로 잇지 못하는 가난한 사람들이 있고, 방 한 칸이 없어서 고생하는 사람들이 있습니다. 부모님이 계시지 않아서 어린 나이에 소년소녀 가장이 된 어린이들도 있고, 몸이 많이 아파서 괴로움을 겪는 사람들도 있습니다.

우리 주변에 불우한 이웃이 있다면 그 이웃들을 돌보는 것은 우리의 책임이고 의무입니다. 내가 가진 것의 아주 작은 것이라도 나눌 때, 그 작은 정성이 큰 힘이 된답니다. 구세군 자선냄비에 넣는 작은 돈이, 몸이 불편한 장애인 친구들을 배려하는 마음이 어려움을 겪는 사람들에게 얼마나 큰 도움이 되는지 몰라요.

지금 이 순간에도 보이지 않는 곳에서 불우이웃들을 위해 나눔을 베푸는 분들이 많답니다.

여러분도 이제는 불우이웃들을 위해 손을 내밀어 보세요. 그 사람들이 여러분의 손을 잡으려 하기 전에 여러분이 먼저 손을 내미는 거예요.

등산하기

산이 우리를 부르는 소리

"아빠, 아직 멀었어요?"

숨을 몰아쉬며 아빠의 뒤를 따르던 명규가 물었습니다.

"조금만 더 올라가면 돼. 힘드니?"

"예, 조금만 쉬었다 가요."

명규는 그 자리에 풀썩 주저앉았습니다. 지금 이 순간 명규는 아빠가 산의 정상까지 올라가자는 제의에 찬성한 것을 후회하는 중이었습니다. 낮은 산이라고 만만하게 본 것이 잘못이었어요.

처음에는 제법 걸을 만했어요. 녹음이 우거진 산길을 걸을 때 휘파람까지 불었으니까요. 하지만 올라갈수록 길은 힘해졌고, 큰 돌들이 불쑥불쑥 튀어나와 있어서 오르기가 점점 힘들어졌습니다.

자리에 주저앉은 명규를 보고 아빠는 가던 길을 멈추고 명규에게 다가왔습니다.

"조금만 올라가면 계곡이 나와. 거기에서 쉬었다 가자."

명규는 쉴 수 있다는 말에 힘이 났습니다. 그래서 자리에서 일어나서 한 발 한 발 조심스럽게 발걸음을 내딛었습니다.

아빠의 말대로 험하던 길이 편편해지면서 계곡이 나타났습니다. 계곡이 있는 곳은 수풀이 우거져서 시원했습니다. 명규는 그 곳에 앉아서 계곡 물에 발을 담그고는 잠시 산바람을 맞았습니다. 아빠도 계곡 물에 발을 담갔습니다.

"등산이라는 게 생각보다 어렵지?"

"예."

"힘이 들어도 이렇게 올라가 봐야 진정으로 산을 느낄 수 있는 거야."

아빠는 외아들인 명규가 다른 아이들에 비해 나약한 것이 늘 걱정이었습니다. 그래서 이렇게 시간을 내서 함께 등산하는 기회를 마련했던 것입니다.

"명규야, 가만히 귀를 기울여 봐. 무슨 소리 안 들리니?"

"무슨 소리요?"

"아빠한테는 산이 우리를 부르는 소리가 들린단다. 명규, 너는 안 그러니?"

"저한테는 물이 흐르는 소리, 새가 노래하는 소리밖에 안 들려요."

"그게 바로 산이 부르는 소리야. 그뿐 아니지. 바람 소리, 청

설모가 뛰어다니는 소리, 나뭇가지들이 흔들리는 소리까지 들리네."

아빠의 말을 들으니 그런 것 같기도 했습니다. 두 사람은 산이 부르는 소리를 찾느라 한참동안 시간을 보냈습니다.

"명규야, 너무 힘들면 오늘은 여기서 그만 내려갈까?"

'그냥 내려갈까?'

명규는 잠시 망설였습니다. 그렇지만 그러면 여태까지 올라온 게 너무 아까울 것 같았습니다. '가다가 그만두면 아니 간만 못하다'는 속담도 있잖아요?

"괜찮아요. 올라갈 수 있는 데까지는 더 갈래요."

"그럴래?"

아빠는 자리에서 일어나 다시 발걸음을 옮겼고, 명규도 아빠의 뒤를 따르기 시작했습니다.

마침내 저만치 정상이 보였어요. 여태까지 고생하며 산에 올랐던 일이 어느새 말끔히 잊혀졌습니다. 해냈다는 마음이 명규의 가슴을 가득 채우고 있었습니다.

"명규야, 우리 '야호' 하고 소리쳐 볼까?"

아빠의 제안에 명규는 아빠와 함께 손나발을 하고 외쳤습니다.

"야-호-!"

두 사람의 '야호' 소리는 푸른 메아리가 되어 되돌아왔습니다.

등산에 대한 짧은 생각

언제 어느 때 산을 찾아도 포근함을 느낄 수 있습니다. 연둣빛 새잎이 돋는 봄, 푸르다 못해 파랗게 보이는 짙은 녹음의 여름, 무지갯빛 단풍으로 물드는 가을, 모든 초라함이 흰 눈에 가려지는 겨울까지도 산은 산이기에 그 존재 자체가 힘이 됩니다.

산은 보는 것만으로도 즐거움을 얻지만, 진정으로 산을 느끼기 위해서는 직접 산에 올라가야 합니다. 산에 올라가면서 우리는 산과 호흡할 수 있습니다. 땀이 흐를 때는 바람이 찾아와 땀을 닦아 주고, 더위에 지칠 때는 계곡의 물이 더위를 식혀 줍니다. 다리가 아프면 널따란 바위가 앉을 자리를 마련해 줍니다. 심심할 때는 멀리서 산새가 노래하고 꽃들이 미소를 짓습니다.

산의 향기를 맡으면서 산을 둘러보세요. 대자연의 웅장함과 아름다움을 보면 어떤 어려움도 이겨낼 수 있는 용기가 생길 거예요.

> 수영 배우기

여기는 수영장이 아니다

    재혁이, 정욱이, 성민이는 언제 어디서나 함께 행동하는 삼총사입니다. 학교에서 집으로 올 때도 같이 오고, 놀 때도 같이 놀고, 학원도 거의 같은 학원에 다니니 삼총사라는 별명이 붙는 것은 당연하지요.

    올해 여름에는 수영장도 같이 다니게 되었습니다. 처음에는 물에도 뜨지 못해서 쩔쩔 맸는데, 이제는 물에 뜨는 것은 물론 앞으로도 쑥쑥 나아갈 수준에까지 이르렀습니다. 삼총사는 자신들이 생각해도 무척 신기했습니다. 더구나 세 사람의 수영 실력이 비슷해서 물에만 들어가면 자기들 세상이라도 된 것처럼 경쟁하느라 정신이 없었습니다.

    그러던 어느 날 삼총사는 동네에 새로 생긴 목욕탕에 같이 가게 되었습니다. 시설도 으리으리하고 규모도 큰 목욕탕이었어요.

    삼총사는 목욕은 뒷전이고 장난치며 노느라 바빴습니다.

    "야, 우리 냉탕에 들어가서 놀자."

정욱이의 제안에 재혁이와 성민이도 쾌히 찬성하며 냉탕에 들어갔습니다. 다행히 냉탕 안에는 사람들이 없어서 완전히 삼총사의 독무대가 되었습니다.

그런데 갑자기 재혁이가 냉탕 안에서 수영을 하는 것이 아닙니까? 그것을 보니 정욱이와 성민이도 수영이 하고 싶어졌어요. 두 친구도 재혁이를 따라서 수영을 하기 시작했고, 서로 내가 질세라 맹렬하게 물장구를 쳤어요.

그때였습니다. 온탕에 몸을 담그고 있던 한 아저씨가 갑자기 삼총사를 향해 버럭 고함을 치는 겁니다.

"이 녀석들! 아까부터 거기서 뭐 하는 거야?"

삼총사는 찔끔하여 행동을 멈추었습니다.

"보자보자 하니까 너무하네. 여기가 수영장이야?"

삼총사는 아저씨가 서슬이 시퍼래서 화를 내는 것을 보고 꿀 먹은 벙어리가 되었습니다.

"여기가 수영장이냐고!"

아저씨는 재차 묻습니다.

"아니오."

성민이가 들릴락 말락 한 작은 목소리로 겨우 대답했습니다.

"그런데 왜 거기서 수영을 해? 여기가 너희들 독탕이야?"

"그 그냥 저어……."

"너희는 그런 표어도 몰라?"

"무슨 표어요?"

재혁이가 궁금한 듯 물었습니다.

"수영은 수영장에서, 목욕은 목욕탕에서!"

아저씨는 기세가 등등했습니다. 주변에 있던 사람들이 킥킥대며 웃기 시작했습니다. 삼총사는 부끄러워서 더 이상 목욕탕에 있을 수가 없었습니다. 그래서 때도 제대로 밀지 못하고 쫓기듯 목욕탕을 나와야 했습니다.

"에이, 그 아저씨 때문에 망신당했네."

재혁이가 투덜거렸습니다.

"그렇지만 우리가 잘못했어. 수영은 수영장에서 해야지."

성민이가 말했습니다.

"그런데 그런 표어가 정말 있니? 수영은 수영장에서, 목욕은 목욕탕에서!"

"있기는 뭐가 있어? 그 아저씨가 지은 표어지."

재혁이는 여전히 투덜거렸습니다.

"이렇게 목욕탕에서 쫓겨난 김에 오늘 수영장에나 가자."

정욱이의 제안에 재혁이와 성민이가 반대할 리 없었지요.

"그래, 목욕탕에서 받은 설움, 수영장에서 깨끗이 씻어 버리자."

"찬성!"

삼총사는 하이파이브를 하고는 수영장에서 만날 것을 약속했답니다.

수영에 대한 짧은 생각

일 초라는 시간은 매우 짧은 시간입니다. 하지만 스포츠에서 일 초라는 시간은 신기록을 깨뜨릴 수도 있고, 메달 순위권에 들 수도 있고, 메달의 색깔도 바꿀 수 있는 엄청난 시간입니다. 그런 면에서는 수영도 마찬가지예요.

아시안 게임이나 올림픽 대회에서 수영 선수들이 수영하는 장면을 보았나요? 물살을 가르고 헤엄치는 모습을 보면, '저 사람들은 혹시 사람이 아니라 인어나 물개가 아닐까?' 하는 착각까지 일어나지요.

수영은 오랜 역사를 지니고 있는 운동인데, 요즘은 건강을 위한 스포츠로 자리를 잡아가고 있어요. 특히 여름이 되면 사람들에게 더욱 인기를 끌지요. 물과 씨름하다 보면 한여름의 더위도 싹 물러나니까요.

그렇더라도 수영장에 갔을 때 즐겁고 안전한 물놀이를 위해서 안전 수칙을 꼭 지키고, 또 다른 사람들이 불쾌해 하지 않도록 수영장 매너 지키는 것 잊지 마세요.

여기는 수영장이 아니다

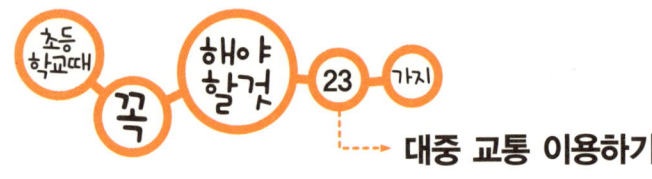

➞ 대중 교통 이용하기

지하철을 타고 가자

주현이 아빠는 주말에 외출할 때면 자가용을 모는 대신 대중 교통을 이용합니다. 시내에서 움직일 때는 전철이나 버스를 타고, 먼 거리로 여행을 갈 때는 고속버스나 기차를 이용하는 것이지요.

"난 아빠 차를 타고 가는 게 좋은데. 버스나 기차는 이용하기 불편하잖아요."

처음에 주현이는 아빠에게 그렇게 칭얼거렸습니다. 그렇지만 아빠는 주현이의 말을 들어주지 않았습니다.

"주말 같은 때 차를 갖고 나오면 길이 많이 막히기 때문에 시간이 많이 걸려. 생각 안 나? 언젠가 놀이공원에 갔다가 차가 막혀서 엄청 고생했던 거. 또 기름 값도 만만치 않아. 승용차를 갖고 있더라도 되도록 대중교통을 이용하는 습관을 가져야 해. 그러면 길도 덜 복잡해지고 기름도 절약되잖아. 그리고 주현아, 아빠가 언제까지나 네가 가는 곳마다 차를 태워 줄 수는 없잖아? 너도 이제 대중교통을 이용하는 방법을 잘 알아둬야지."

아빠의 말씀은 구구절절 옳아서 주현이도 더 이상 고집을 부릴 수가 없었습니다.

지하철역에는 사람이 많아서 복잡했습니다. 그렇지만 지하철 문이 열리는 곳마다 스크린도어가 설치되어 있어서 지하철이 오더라도 별로 위험할 것 같지 않았습니다.

잠시후 열차가 도착했습니다. 스크린도어와 객차 문이 열리면서 많은 사람들이 내렸습니다. 그런데 사람들이 다 내리기도 전에 몇몇 사람들은 먼저 타려고 비집고 들어가는 것이었습니다.

주현이는 못마땅한 생각에 눈살을 찌푸렸습니다.

'에이, 차례대로 탈 것이지, 새치기를 하면 어떻게 해? 가만히 보면 어른들이 더 공중도덕을 안 지킨다니까.'

객차 안에는 긴 좌석들과 짧은 좌석들이 있었는데, 빈자리는 보이지 않았습니다.

사방을 두리번거리던 주현이는 짧은 좌석 구석에 빈자리 하나가 있는 것을 발견했습니다. 주현이는 옳다구나 하여 그 자리에 앉으려는데 아빠가 말렸습니다.

"그 자리에 앉으면 안 된다."

"왜요? 비어 있는 자리잖아요?"

"거기는 노약자가 앉는 좌석이야. 어르신이나 임산부나 장애인처럼 몸이 약해서 서서 가기 힘든 사람들만 타라고 비워 두는 자리거든."

"어, 이상하다? 그럼 저 아저씨는 노약자도 아닌데 왜 저 자리에 앉으셨어요?"

주현이가 노약자석에 앉아 있는 한 아저씨를 가리키며 고개를 갸웃거렸습니다. 그 말에 서서 가던 사람들이 일제히 노약자석에 앉은 아저씨를 쳐다보았습니다.

그 아저씨는 쑥스러운 듯 갑자기 헛기침을 하면서 자리에서

일어났습니다.

그러는 동안에 어느새 목적지에 도착했습니다.

'지하철이 빠르고 편하기는 하구나. 앞으로는 나 혼자서도 지하철을 탈 수 있겠어.'

주현이는 이제 지하철을 타는 일이 그리 어렵지 않게 느껴졌습니다.

그리고 방학이 되면 엄마 아빠 허락을 받고, 고속버스나 기차를 타고 먼 곳까지 혼자서 여행을 해봐야겠다는 생각도 했습니다. 생각만으로 주현이는 왠지 벌써 마음이 설레었습니다.

대중 교통에 대한 짧은 생각

도로 어디를 가나 차가 많기도 합니다. 도로뿐이 아니지요. 주택가 골목에까지 들어서는 수많은 차량으로 정작 사람들이 다닐 길이 모자란 형편이 되었어요.

우리나라는 기름 한 방울 나지 않는 나라랍니다. 그런데도 차는 하루가 다르게 늘어나고 있어서 진심으로 에너지 수입이 걱정되는 상황입니다.

어디 그뿐인가요? 늘어나는 차량 때문에 매연도 많아져서 공기가 나빠지고, 도로는 늘 막히며, 주차 문제로 골머리를 앓고 있어요.

이런 교통 문제를 해결하기 위해서는 많은 사람들이 대중교통을 이용해야 합니다. 자가용 대신 버스, 전철, 고속버스, 기차 등을 자주 이용하면 복잡한 교통 문제를 해결하는 데 큰 도움이 된답니다.

어린이 신문이나 잡지 구독하기

첫 번째 독자

요즘 새봄이에게는 비밀이 생겼습니다. 틈만 나면 책상에 앉아서 뭔가를 쓰느라 끙끙대는데 엄마 아빠에게는 무척 궁금한 일이었습니다.

"새봄아, 지금 뭐 하니?"

아빠가 물어도 대답하지 않았습니다.

"우리 새봄이 뭐 해?"

엄마가 새봄이의 등 뒤로 다가가 뭔지 보려고 하면 새봄이는 얼른 손으로 가렸습니다. 그럴수록 엄마와 아빠의 궁금증은 더해졌습니다.

어느 날 저녁에 새봄이는 기분이 좋은 듯 계속 싱글벙글하고 있는 거예요.

"새봄아, 무슨 좋은 일이라도 있니?"

아빠는 궁금해서 못 참겠다는 듯 물었습니다.

"예. 사실은 어린이 신문에 글을 응모했어요."

"응모? 그래서 요즘에 글을 쓰느라고 그렇게 바빴던 거니?"

"예. 응모하고 나니까 가슴이 후련해요. 아, 빨리 발표가 났으면……."

"어떻게 글을 응모할 생각을 했어?"

"얼마 전에 우리 학교 아이의 작품이 어린이 신문에 실렸거든요. 읽어 보니까 저도 그 정도는 쓸 수 있을 것 같았어요. 그래서 며칠 동안 열심히 글을 써서 응모한 거예요."

"아빠도 우리 새봄이 작품을 신문에서 보고 싶은데."

새봄이는 글쓰기 실력이 괜찮았기에 엄마와 아빠도 기대하는 마음이 컸습니다.

그때부터 엄마와 아빠는 어린이 신문이 오면 관심을 가지고 훑어보았습니다.

"새봄아, 이제 보니 어린이 신문이 참 재미있구나. 공부에 도움 되는 것도 많고."

"그러게 말이에요. 난 애들 보는 거라고 대수롭지 않게 생각했는데 정말 유익한 내용이 많네요."

엄마와 아빠는 이제 새봄이보다도 더 어린이 신문을 챙겨 보게 되었습니다.

시간이 흘러 마침내 발표 날이 되었을 때, 새봄이는 차마 신문을 직접 보지 못했습니다.

"아, 떨려서 도저히 볼 수가 없어. 엄마가 대신 봐 주세요."

떨리기는 엄마도 마찬가지였어요. 그렇지만 엄마는 새봄이의 작품이 떨어졌을까 봐 두려운 것이 아니라 새봄이가 실망할까 봐 더 걱정되었습니다.

엄마는 천천히 신문을 훑어보았습니다. 엄마의 눈길은 어린이가 쓴 글들이 실린 부분에서 멈추었습니다.

하지만 새봄이의 작품은 없었습니다. 엄마도 순간적으로 가슴이 철렁 내려앉았습니다.

눈을 감고 있던 새봄이가 살짝 실눈을 뜨더니 엄마의 눈치를 살폈습니다.

"다음에 또 응모하면 되지. 기회는 또 있잖아?"

엄마의 말을 들은 새봄이는 맥이 풀리는 듯 그 자리에 주저앉았습니다. 떨어졌다는 사실에 실망이 이만저만 큰 것이 아니었어요.

"새봄아, 응모하는 사람은 많고 상을 받는 사람은 정해져 있으니까 한 번에 되기는 어려울 거야. 더 열심히 글을 써서 다음에 응모하자."

새봄이는 신문을 읽더니 불만스럽게 말했습니다.

"뽑힌 글보다 내 글이 더 잘 쓴 것 같은데……."

자기보다 실력이 뒤떨어지는 친구한테 진 것 같아서 분한 모양이었습니다.

"그건 너의 교만한 생각이야. 심사위원 선생님들이 보기에 분명히 뽑아 줄 만한 실력이었으니까 뽑아 주셨겠지. 새봄아, 이제 그 일은 잊어버리고 네가 응모한 그 작품을 엄마 아빠가 듣는 데서 읽어 봐. 우리 새봄이가 어떤 글을 썼는지 정말 궁금하구나."

이렇게 해서 엄마 아빠는 새봄이 작품의 첫 번째 독자가 되었답니다.

소년잡지와 어린이신문에 대한 짧은 생각

우리 부모님들이 초등학생이었을 때에는 어린이를 대상으로 한 소년 잡지들이 많은 인기를 끌었어요. 그때만 해도 어린이들이 접할 오락이나 정보가 부족했던 시기라 어린이들은 매달 잡지가 나오는 날을 손꼽아 기다렸고, 잡지가 나오면 서로 돌려 가며 읽고는 했지요.

하지만 텔레비전과 인터넷 등의 매체가 등장하면서 어린이들은 인쇄물로 이루어진 읽을거리보다는 눈을 즐겁게 해 주는 비디오 같은 매체에 관심을 갖게 되었어요.

컴퓨터와 닌텐도, 스마트폰에 열광하는 여러분에게 지면으로 된 읽을거리를 추천합니다. 어린이 잡지도 좋고 어린이 신문도 좋아요. 어른들이 신문을 구독하고 잡지를 보듯이 여러분들도 잡지나 신문 한 가지 쯤 구독하는 것이 어떨까요?

거기에는 어린이들이 알아야 할 많은 정보와 읽을거리가 담겨 있어서 여러분의 상식과 정서를 풍부하게 해줄 것입니다.

호신술 익히기

나한테 덤비지 마!

"으앙, 엄마!"

수민이가 울면서 집으로 들어오는 바람에 엄마는 깜짝 놀랐습니다.

"왜 그래? 무슨 일이야?"

엄마는 얼른 수민이에게 달려갔습니다. 수민이는 엄마를 보자 더 크게 울어댔어요.

"왜 그러냐니까. 또 누구한테 맞았니?"

번번이 친구들에게 맞고 돌아오는 수민이 때문에 엄마는 속이 상할 때가 한두 번이 아닙니다. 이번에도 또 그런가 싶어서 화부터 났습니다.

"그게 아니라 돈을 빼앗겼어요."

"뭐? 누구한테? 다치지는 않았어?"

엄마는 가슴이 덜컥 내려앉았습니다.

"막 때리려고 해서 가지고 있던 돈을 다 줘 버렸어요. 그랬더니 돈만 갖고 그냥 도망갔어요."

"어디서? 어디서 그랬는데?"

수민이의 이야기를 듣는 엄마는 흥분이 되어서 목소리가 점점 커졌습니다.

"학교하고 집 중간에 있는 골목에서 깡패 같은 형들이 그랬어요."

그래도 맞지는 않아 그나마 다행이라는 생각이 들었습니다.

"울지 마. 다치지 않았으니까 됐어. 다음부터는 그 길로 다니지 말고."

엄마는 수민이를 달랬습니다. 많이 놀랐을 것 같아서 그날은 학원도 쉬게 했습니다.

그날 밤에 퇴근해 들어온 아빠도 엄마로부터 수민이 이야기를 듣게 되었어요. 아빠의 얼굴도 심각해졌어요.

"걱정이네. 왜 그렇게 툭하면 맞고 다니고, 뺏기고 다니는지. 아무래도 수민이가 만만해 보이나 봐."

"그러니 이 일을 어쩌면 좋아요?"

어려서부터 수민이는 또래 친구들에 비해 체격도 작은데다가 성격까지 순해서 그저 당하고만 들어왔습니다. 그런데 이제는 불량배들한테 돈까지 뺏기고 다니니 걱정스럽기만 할 뿐이었습니다. 엄마가 결심한 듯 말했습니다.

"아무래도 안 되겠어요. 태권도장에라도 보내야지."
"학원은 지금 다니는 것도 많잖아?"
"다른 학원을 그만 두는 한이 있어도 태권도장은 꼭 보낼 거예요. 그런 운동이라도 하면 나아질 테지요."

엄마와 아빠는 수민이를 이튿날부터 태권도장에 보내기로 결정했습니다.

수민이는 태권도장에 다니지 않겠다고 떼를 썼습니다.

"나 태권도 하기 싫어요. 운동하는 것 싫단 말이야."

"너, 계속 이럴래? 혼나고 싶어?"

엄마가 수민이를 향해 무섭게 눈을 치뜨자, 수민이는 금세 자라목이 되어 아무 말도 하지 못했습니다.

"그렇게 운동을 싫어하고 힘이 없으니까 애들이 더 얕보는 거야. 네가 씩씩하고 힘이 세 봐. 누가 널 건드려? 엄마도 네가 맞고 왔다는 소리만 들으면 얼마나 속상한지 알아?"

결국 수민이는 태권도장에 억지로 다니다시피 했습니다.

그런데 신기한 일이 생겼습니다. 수민이가 태권도를 배우러 다니면서 몸도 건강해지고 소심하던 성격도 나아지기 시작한 것입니다. 그리고 학원에서 돌아오면 그날 배운 것을 엄마 아빠한테 보여 주느라 바빴답니다. 그러면 엄마와 아빠는 흐뭇해서 어쩔 줄 몰랐지요.

"아유, 우리 아들 잘하네. 조금만 더 열심히 하면 태권도 선수가 되겠는걸."

이제 수민이가 친구들에게 뒤떨어지지 않는 체격과 체력을 갖게 될 것이라 생각하니 엄마 아빠는 기쁘기 그지없었습니다.

'힘을 기르다'에 대한 짧은 생각

강한 자가 약한 자를 괴롭히지 않는 세상이 된다면 얼마나 좋을까요? 그러나 안타깝게도 현실은 그렇지 못하답니다. 강자는 약자를, 힘 있는 사람은 힘없는 사람을 괴롭히고 그 위에 군림하려고 합니다. 법으로 제도로 사람이 사람을 괴롭히고 군림하는 것을 막고 있지만, 현실은 꼭 그렇지 못하지요.

사회에서는 물론 교육의 현장인 학교에서도 이런 현상이 일어나고 있으니 걱정스럽습니다. 학교 주변에서 폭력을 일삼는 불량 청소년들과, 약하고 뒤처지는 학생들에게 가혹하게 행해지는 집단 따돌림(왕따) 현상이 그 증거랍니다. 자기보다 약한 이에게 한없이 잔인해지는 이런 세태가 계속된다면 우리의 미래에 어떤 희망을 걸 수 있을까요?

결국 당하지 않기 위해서는 자기 자신이 스스로 강해져야 합니다. 그것은 눈에 보이는 강건함일 수도 있고 내면적인 힘일 수도 있습니다. 그리고 잊지 말아야 할 것은 여러분이 강해졌을 때는 달라지는 모습을 보여 주어야 한다는 거지요. 강해졌다고 해서 강자들이 여태까지 보여 주었던 횡포를 따라한다면 악습은 되풀이되는 것이랍니다. 어긋난 톱니바퀴에서 과감히 벗어나세요. 그리고 여러분은 약자들을 보호해 주는 따뜻한 강자가 되는 겁니다.

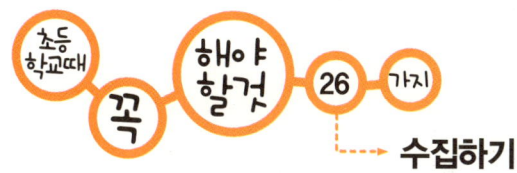

내 귀중한 보물

"엄마! 엄마!"

영민이가 갑자기 화난 얼굴로 자기 방에서 뛰어나왔습니다. 베란다의 화분에 물을 주던 엄마가 뒤를 돌아보았습니다.

"왜 그러니?"

"엄마가 제 우표첩 치우셨어요?"

"안 치웠는데. 왜? 우표첩이 안 보이니?"

"아이, 그럼 어디 갔지?"

영민이는 안절부절못하며 안방에 들어갔습니다.

"거기에 있을 리가 있어? 찾으려면 호민이 방에 가 봐. 어제 호민이 친구가 놀러 왔는데 네 방에 들어갔다 나오더라."

엄마의 말에 영민이는 호민이 방으로 들어갔습니다. 방에는 호민이가 만화책을 읽고 있었습니다.

"호민아, 내 우표첩 못 봤어?"

호민이는 당황하여 아무 말도 못 했습니다.

"네가 치웠지?"

"모 몰라."

"모르긴 뭘 몰라. 빨리 말 안 해?"

영민이가 호민이의 방 안을 뒤졌습니다. 한참을 뒤지다 보니 책상 밑에 영민이의 우표첩이 나동그라져 있는 게 눈에 띄었습니다.

우표첩을 열어 본 영민이는 더욱 화가 치밀었습니다. 가지런히 정리해 둔 우표들이 흐트러져 있었기 때문입니다.

"내가 이럴 줄 알았어. 우표첩이 아주 엉망이 되었잖아? 야, 왜 내 방에 들어와서 물건을 함부로 뒤져?"

영민이는 주먹으로 호민이를 때렸습니다.

"왜 때려? 말로 하지 왜 때려?"

호민이도 맞은 게 분한지 마구 덤볐습니다. 결국 둘 사이에는 한바탕 싸움이 벌어졌고, 그 소동에 엄마가 달려왔습니다.

"왜들 그러니?"

"호민이가 내 우표첩을 가져가 놓고는 방바닥에 굴리잖아요. 내가 얼마나 아끼는 물건인지 잘 알면서."

"내가 그런 거 아냐. 석준이가 뭐냐고 궁금해 하면서 자기가 뒤졌단 말이야."

호민이가 억울하다는 듯이 훌쩍였습니다.

영민이는 몇 년 전부터 우표수집에 취미를 갖게 되었습니다. 해마다 우체국에서 발행하는 기념 우표들과, 편지나 카드에 붙어 있는 우표를 모으기 시작한 것입니다. 특히 기념 우표가 나오는 날에는 달력에 꼭 표시를 했다가 우체국에 들러서 우표를 샀습니다. 그렇게 귀중하게 여기는 우표첩을 호민이가 함부로 다루었으니, 화가 나지 않을 수 있겠어요?

엄마는 우선 호민이를 야단쳤습니다.

"이건 호민이 잘못이 커. 형이 그 우표들을 모으느라고 얼마나 애썼는데 그렇게 함부로 다루었으니 형이 화날 만도 하지. 친구가 와서 그랬다 해도 네가 마무리를 잘했어야지. 만약에 형이 네가 좋아하는 장난감을 망가뜨리면 기분이 어떻겠니?"

호민이가 아무 소리도 못 하자 엄마는 이번에는 영민이를 나무랐습니다.

"너도 잘한 건 없어. 동생이 잘못했으면 타이를 것이지, 꼭 그렇게 손이 올라가야 해? 그 우표첩이 아무리 귀중해도 동생보다 더 귀중한 건 아니잖아?"

"앞으로는 조심할게요."

영민이도 자기가 심했다는 것을 깨달았는지 자기 잘못을 순순히 인정했습니다.

"호민아, 미안하다. 내가 사과하는 뜻으로 기념 우표 한 장 줄게."

영민이는 평소에 호민이가 갖고 싶어 하던 우표 한 장을 주었습니다. 두 형제는 자신들이 언제 싸웠냐는 듯 금방 어울려 놀기 시작했습니다.

우표에 대한 짧은 생각

이메일이 널리 쓰이기 전에는 편지를 보낼 때 우표를 붙여야 했어요. 손으로 직접 편지를 쓰고 편지 봉투에 우표를 붙여서 우체통에 넣었지요. 편지가 상대방에게 도착하려면 며칠 걸렸지만, 받는 사람의 반가움은 그만큼 컸답니다.

그렇지만 요즘은 이메일 때문에 우표의 수요도 점점 줄어들고 우체통도 많이 없어졌다고 합니다. 비록 우표 사용이 많이 줄어들었어도 우표의 가치는 줄어들지 않습니다. 우표는 그 나라의 역사와 문화와 자연이 담겨 있는 소중한 자료이기 때문이지요. 실제로 미국의 대통령인 루즈벨트는 "우표에서 얻은 지식이 학교에서 얻은 지식보다 더 많다."는 말을 할 정도였어요.

여러분도 우표를 수집하는 취미를 가져 보세요. 그리고 연말연시에 손으로 직접 쓴 카드나 연하장에 우표를 붙여서 보내는 것도 좋은 추억이 될 거예요. 아니, 우표뿐만이 아니에요. 여러분이 관심 있는 것, 여러분 수준에서 어렵지 않게 하나하나 수집할 수 있는 것! 그런 것을 수집해 보세요. 그리고 이다음에 어른이 되어서 여러분이 수집한 것을 살펴보세요. 그렇게 뭔가를 열심히 수집한 여러분은 먼 훗날 어떤 사람이 되어 있을까요?

내 귀중한 보물

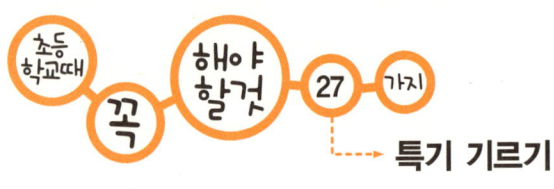

특기 기르기

어느 무용수와 엄마

한 무용수가 무대에서 독무(혼자 춤추는 것)를 하고 있습니다. 무용수는 음악에 맞추어 새처럼 무대 위를 날아다닙니다. 관객들은 숨소리를 죽이며 무용수의 움직임을 바라보았습니다. 마침내 무용수의 독무가 끝나자 우레와 같은 박수가 터져 나왔습니다.

"환상의 무대였어. 사람이 아니라 한 마리 백조 같아!"

"정말 아름다워. 단 한 순간도 눈을 뗄 수 없었어."

공연이 끝나자마자 방송사와 신문사의 취재 기자들이 독무를 한 무용수에게 몰려들었습니다. 모두들 무용수에게 질문 하나라도 더 던지려고 아우성이었어요.

"공연 결과에 만족하십니까?"

"가장 중점을 두었던 부분은 무엇이었습니까?"

무용수는 긴장이 풀려 힘이 없었지만, 그들의 질문에 성심껏 대답했습니다.

그런데 한 기자의 질문이 무용수의 가슴을 뭉클하게 만들었습니다.

"오늘 무대에 서기까지 가장 도움을 준 분이 누구라고 생각하십니까?"

그 순간 무용수는 아무 말도 할 수 없었습니다. 갑자기 가슴이 메면서 눈시울이 뜨거워졌기 때문입니다. 한참 말을 잇지 못하던 무용수가 천천히 입을 열었습니다.

"그분은…… 바로 제 어머니입니다."

짧지만 감동적인 대답에 취재 기자들도 숙연해졌습니다. 쉴 새 없이 터지는 카메라 플래시 속에서 무용수는 지난날을 떠올렸습니다.

소녀는 어려서부터 무용이 좋았습니다. 학교에서도 무용 시간만 되면 소녀가 시범을 보였고, 학예회 때면 소녀의 독무대가 되었습니다.

"엄마, 전 춤추는 게 제일 좋아요."

소녀가 엄마에게 말했을 때 엄마는 소녀의 재능을 살려 주어야겠다고 마음먹었습니다. 그날로 소녀는 무용 학원에 등록했고 예상대로 소녀의 재능이 빛을 발했습니다.

"뒷바라지만 잘해 주면 장차 훌륭한 무용수가 되겠어요."

무용 선생님의 말은 소녀와 엄마에게 큰 용기를 주었습니다.
그러나 소녀가 중학교 2학년이 되었을 때 소녀의 집안에 불행의 먹구름이 끼기 시작했습니다. 소녀의 아빠가 병으로 세상을 떠난 것입니다. 아빠의 죽음으로 소녀의 집은 가난해졌습니다. 엄마가 일을 하여 겨우 생활을 꾸려 나갈 수 있었지요.
소녀는 무용을 계속하려면 돈이 많이 드는 까닭에 더 이상 무용을 고집할 수가 없었습니다.

'엄마가 저렇게 고생하시는데, 내가 마음 편히 무용을 배울 수 있겠어?'

그렇지만 엄마는 소녀의 그런 뜻을 나무랐습니다.

"너만 그 일이 좋다면 엄마는 얼마든지 네 뒷바라지를 해 줄 거야. 훌륭한 무용수가 되는 것이 엄마의 소원이니 아무 생각 말고 무용만 열심히 해."

엄마는 밤늦게까지 일을 하면서 열심히 소녀를 뒷바라지했습니다. 소녀는 더욱 열심히 무용 연습을 했습니다.

엄마의 정성과 소녀의 노력은 마침내 꽃을 피울 수 있었습니다. 소녀는 원하는 대학에 진학할 수 있었고, 유학까지 갔다 올 수 있었으니까요.

이제 소녀는 세계인들에게 기쁨과 행복, 감동을 주는 무용수가 되어 오늘도 세계를 누비고 있답니다.

인터뷰를 할 때면 무용수는 엄마의 이야기를 빼놓지 않았습니다. 엄마의 보살핌이 아니었다면 자신은 도저히 이 자리에 서지 못했을 거라고. 자신의 재능을 발굴하고 자라게 해 준 엄마의 은혜를 잠시도 잊은 적이 없다고 당당하게 밝혔습니다.

그런 말을 들을 때면 무용수의 엄마는 기쁨의 눈물을 흘리곤 했습니다.

특기에 대한 짧은 생각

그림 그리기를 좋아하는 소녀가 있었어요. 그림을 그릴 때면 언제나 행복했지요.

그러나 어느 날 뜻밖의 사고로 소녀는 두 팔을 잃고 말았어요. 소녀는 절망에 빠졌지요. 그러다가 소녀는 장애를 딛고 일어선 구족화가(입이나 발로 그림을 그리는 화가)의 이야기를 책에서 읽게 되었어요. 소녀는 그 책에서 한 가닥 희망의 빛을 보았어요.

그날부터 소녀의 힘든 수련이 시작되었어요. 발로 그림을 그린다는 것은 뼈를 깎는 아픔이었어요. 그렇지만 밤낮을 가리지 않고 남보다 열 배, 스무 배 노력하며 연습했어요. 그 뒤 소녀는 훌륭한 화가가 되었지요.

여러분이 좋아하고 잘하는 일은 무엇인가요?

우리에게는 분명히 한 가지라도 자신 있고 즐겁게 할 수 있는 일이 있을 거예요. 그림을 잘 그리는 친구, 컴퓨터 프로그램을 잘하는 친구, 피아노를 잘 치는 친구, 축구를 잘하는 친구, 글을 잘 쓰는 친구…….

그런 특기들을 잘 살려서 꾸준히 노력하면 여러분은 그 분야에서 인정받을 수 있는 훌륭한 인물이 될 수 있답니다.

초등학교때 꼭 해야 할것 28가지

→ 리더십 키우기

반장이 되고 싶지 않았던 반장 후보

"…… 제가 반장이 된다면 저는 선생님과 여러분의 심부름꾼이 되어서 열심히 봉사하겠습니다. 그래서 우리 반을 사랑과 웃음이 꽃피는 반으로 만들겠습니다."

반장 후보인 창민이의 후보 연설이 끝나자 요란한 박수 소리가 울려 퍼졌습니다.

'어쩌면 저렇게 연설을 잘 할까? 중간에 말도 더듬지 않네. 후유, 나는 어떻게 하지?'

도현이는 자기 차례가 가까워지자 가슴이 두근거렸습니다.

'이렇게 떨릴 줄 알았다면 후보로 나오지 않는 건데.'

어쩌다가 자기가 반장 후보가 되었을까 생각하니 한숨이 나왔습니다. 친구인 경호가 추천해 주는 바람에 얼떨결에 후보가 되었지만, 자기가 반장이 될 거라는 믿음은 아예 갖지도 않습니다. 그저 후보 연설만 무사히 지났으면 하고 바랄 뿐이지요. 많은 사람들 앞에 서기만 하면 덜덜 떠는 습관 때문에 수업 시

간에는 발표도 제대로 못 했던 도현이었으니 오죽하겠어요?

"다음, 박도현."

어느새 도현이 차례가 되어 선생님이 도현이를 호명했습니다. 도현이는 화들짝 놀라며 자리에서 일어났습니다. 그러고는 교실 앞으로 나가서 아이들을 바라보며 섰습니다.

아! 이를 어쩌면 좋아요? 도현이는 갑자기 눈앞이 캄캄해지면서 조금 전까지 열심히 생각해 두었던 연설 내용이 하나도 생각나지 않는 겁니다. 반 친구들은 숨소리도 내지 않으며 도현이에게 눈과 귀를 모으고 있는데 말이에요.

"저, 저는 박도현입니다…… 음, 저를 반장으로 뽑아 주시면……."

그 말까지 하고는 다음에 할 말을 잊고 말았습니다. 무슨 말을 할까 하여 기다리던 반 친구들은 어리둥절했습니다.

"반장이 되면…… 반장이 되면…… 음……."

도현이가 계속 더듬거리자 몇몇 친구들이 킥킥거렸습니다. 그러자 도현이는 갑자기 오기가 생겼습니다. 외운 말이 아니라 진심을 털어 놓아야겠다고 마음먹고는 입을 열었습니다.

"앞에 나온 후보들은 반장 경험이 있어서 연설도 잘하고 일도 잘해 내겠지만 저는 그렇지 못합니다. 하지만 제가 반장이 된다면 저는 여러분의 가장 좋은 친구가 되어 주겠습니다. 여러분이 이 학급에서 무엇을 원하는지 귀 기울여 듣겠습니다."

이상한 일이었습니다. 자신의 진심을 이야기하려 하니 생각지도 않게 말이 술술 잘 나오는 것이었어요. 도현이가 연설을 끝냈을 때 여태까지 나왔던 후보 중에서 가장 큰 박수를 받았습니다.

그 다음에 어떻게 되었냐고요? 도현이가 반장이 되었답니다. 그것도 단 한 표 차이로요.

'이게 어떻게 된 일이야? 내가 반장이 되다니.'

도현이는 자기가 반장이 되었다는 사실이 불가사의한 일이라고 생각했습니다. 자기처럼 수줍어하고 소극적이고 조용한 아이가 반장이 될 줄은 생각하지도 못한 일이었거든요. 그렇지만 한편으로는 그렇게 많은 친구들이 자기를 밀어 주었다는 데 대해 고맙기도 했습니다.

그러면 도현이네 반 아이들은 왜 도현이를 반장으로 뽑았을까요?

도현이는 활발하고 나서기 좋아하는 성격은 아니었지만, 마음이 깊고 차분해서 많은 친구들이 알게 모르게 도현이 편이었던 것입니다. 도현이네 반 친구들은 통솔력 있는 반장보다는 진실한 반장을 원했던 거지요.

리더에 대한 짧은 생각

해마다 새 학년이 되면 누구를 반장으로 선출하느냐가 학급에서 중요한 관심사로 떠오릅니다. 대가를 받는 일도 아니고 선생님과 학생들 사이에서 중간 역할을 해야 하는 이 어려운 자리에 많은 학생들과 학부모들이 관심을 갖는 이유는 무엇일까요?

그것은 아마도 학급을 하나의 축소된 사회로 보기 때문일 겁니다. 학급에서 반장이 되어 매사에 앞장서는 자세가 훗날 사회에서도 연장될 수 있다는 기대감 말입니다.

"용의 꼬리가 되느니 뱀의 머리가 되는 것이 낫다."는 속담이 있습니다. 커다란 집단에서 이름도 없는 사람이 되는 것보다는 작은 집단에서 우두머리가 되는 것이 낫다는 뜻입니다.

여러분은 지도자가 될 수 있는 기회가 있다면 그 기회를 놓치지 말기 바랍니다. 어느 집단의 일원이 되어서 생각하는 것과 자기가 그 지도자의 역할을 하게 될 때의 입장은 다릅니다. 다수에 섞여서 지도자를 비판하기는 쉽지만, 자기가 그 자리에 앉으면 그 일의 어려움을 그제야 실감하고 지도자들의 입장을 이해할 수 있게 됩니다. 그리고 그것은 삶에 있어서 큰 경험이 될 것입니다.

초등학교때 꼭 해야할것 29가지

→ 텐트 치고 야영하기

하늘을 지붕 삼아 별을 불빛 삼아

상규네 식구는 여름방학을 맞아 휴양림에 놀러갔습니다. 아빠와 엄마가 텐트를 치는 동안, 상규는 누나인 정윤이와 함께 가까운 계곡으로 들어갔습니다.

"어머, 이거 무슨 벌레야?"

바위에 앉아 있던 정윤이가 갑자기 자리에서 벌떡 일어나며 옷을 털었습니다. 이름도 알 수 없는 벌레가 톡톡 뛰어다니고 있었습니다.

상규는 갑자기 장난이 치고 싶어져서 얼른 그 벌레를 손으로 잡더니 정윤이에게 다가갔습니다.

"어머, 왜 이래? 저리 가!"

정윤이는 뒷걸음질을 치며 피했지만, 상규는 장난기 가득한 얼굴로 자꾸만 가까이 다가갔습니다.

상규가 벌레를 던지자 정윤이는 '으악!' 하고 비명을 질렀어요.

"상규, 너 두고 봐. 엄마 아빠한테 다 이를 테니까."

정윤이는 상규를 노려보더니 엄마 아빠가 텐트를 치는 곳으로 달려가기 시작했습니다.

"내가 뭘? 이런 데서 자려면 벌레들하고도 친해져야지."

상규는 재미있다는 듯 정윤이 뒤를 좇아 갔습니다. 어느새 엄마와 아빠는 텐트를 다 치고 짐을 정리하고 있었습니다.

기다리던 식사 시간이 되었습니다. 엄마가 끓인 참치 김치찌개가 어찌나 맛있는지 김치찌개 하나만으로도 밥 한 공기를 비웠습니다.

"엄마, 밥이 왜 이렇게 맛있지요?"

오죽하면 상규는 엄마에게 이렇게 물었답니다.

"글쎄, 아마 숲속의 맑은 공기가 밥맛을 좋게 해 주는 조미료 역할을 하나 보다."

밥을 다 먹은 뒤에 설거지는 정윤이와 상규가 했습니다. 아빠는 운전과 텐트 치는 일을 했고, 엄마는 짐 정리와 식사 준비를 했으니까요. 둘은 취사장으로 가서 설거지를 했습니다. 야외에 나와서 오누이가 오순도순 설거지를 하는 것도 새롭고 재미있었습니다.

그날 밤이었습니다.

"상규야, 피곤할 텐데 왜 여태 안 자고 있니?"

상규가 잠을 이루지 못하고 뒤척이는 것을 아빠가 보았는지 말을 건넸습니다.

"모르겠어요. 잠이 안 와요."

"잠이 안 오면 아빠와 같이 나갈래?"

"아빠도 잠이 안 와요?"

"응, 피곤한데도 잠이 안 오는구나. 이럴 때는 차라리 시원한 밤바람이나 쐬는 게 낫겠어."

상규와 아빠는 함께 텐트에서 나왔습니다. 아빠를 따라 걷다 보니 멀리서 계곡의 물소리가 시원하게 들려 왔습니다. 밤이라 조용해서인지 물소리는 낮보다 더 크게 들립니다.

"와, 별빛이 참 곱구나."

아빠가 갑자기 하늘을 보며 탄성을 질렀습니다. 상규도 하늘에 떠 있는 별들을 보았습니다.

숲에서 보는 별은 도시의 별보다 더 크고 더 밝고 더 깨끗하게 빛나고 있었습니다. 상규는 손으로 별들을 움켜잡기라도 할 듯 하늘을 향해 손을 뻗어 봅니다.

가만히 서 있으니 흙냄새가 물씬 풍겨 옵니다. 별들의 속삭임도 들려오는 듯합니다. 나무들의 향기가 코를 간질입니다. 숲 속의 한여름 밤은 그렇게 깊어 가고 있습니다.

야영에 대한 짧은 생각

하늘을 찌를 듯 높이 솟은 아름드리 나무들, 나무들 사이로 비치는 푸른 하늘, 풀숲에서 들려오는 곤충들의 노랫소리, 나무의 향기가 느껴지는 바람의 손길, 흙 내음이 물씬 풍기는 촉촉한 땅……

야영을 하면서 우리가 느낄 수 있는 자연의 풍경입니다. 텐트 하나 치고 하늘을 마음으로 안으면 세상에 부러울 게 없습니다.

도시에 사는 사람들은 흙을 대할 기회가 별로 없습니다. 설사 포장 도로와 보도 블록 사이에서 흙을 대할 수 있다 해도 흙냄새는 느껴지지 않습니다.

"흙장난하지 마라. 더러워진다."

어른들은 도시의 흙을 마치 오염된 물건 대하듯 꺼립니다.

그렇지만 자연 속에서의 흙은 나무와 풀과 꽃이 자라는 터전입니다. 흙에 뿌리를 박고 자라는 식물들 틈으로 곤충과 동물들이 어우러져 살아갑니다.

사람들이 바쁜 일상에서 벗어나 짧은 여가가 생길 때 자연을 찾아 떠나는 것은 어쩌면 당연한 현상인지도 모릅니다. 흙과 자연에 대한 향수를 좇아 떠나는 것이겠지요.

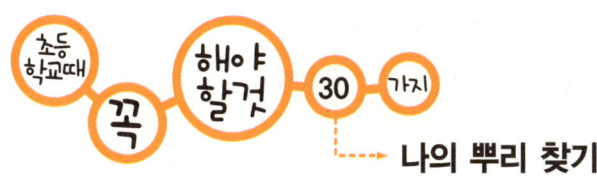

나의 뿌리 찾기

네 본관은 어디인고?

가람이가 학원에서 공부를 끝내고 집으로 왔을 때 못 보던 할아버지가 거실에 앉아 있었습니다. 가람이는 누구신가 싶어 할아버지를 물끄러미 쳐다보았습니다.

"가람아, 인사 드려. 작은할아버지이시다."

엄마의 말에 가람이는 꾸벅 인사를 하면서도 '작은할아버지가 누구지?' 하는 생각을 했습니다.

"음, 그래. 어릴 때 몇 번 봤는데 날 기억하지 못하는 모양이구나. 돌아가신 형님을 아주 많이 닮았구먼."

할아버지는 가람이를 신통하다는 듯 바라보았습니다.

"내가 누구냐 하면 네 할아버지의 동생이다. 그러니까 네 아버지의 작은아버지지. 지금 네 얼굴을 보니 네 할아버지의 어릴 때 모습을 보는 듯하구나."

가람이 할아버지는 가람이가 태어나기도 전에 돌아가셨습니다. 그래서 가람이는 할아버지의 얼굴을 모릅니다. 그저 사진

으로만 몇 번 보았을 뿐입니다.

"네 할아버지가 살아 계셨다면 너를 보고 참 좋아하셨을 텐데. 그렇게 일찍 가신 게 안타까울 뿐이구나. 그래, 할아버지 성함은 알고 있니?"

가람이는 잠시 생각해 보았지만 할아버지의 성함을 알 수 없었습니다. 그래서 솔직하게 대답했습니다.

"할머니 성함은 알아도 할아버지 성함은 잘 모르겠어요."
"뭐 뭐라고?"
작은할아버지는 깜짝 놀랐습니다.
"아니, 네 할아버지 성함을 몰라? 이게 어떻게 된 일이냐?"
가람이는 자기가 무슨 잘못을 했나 싶어 어리둥절할 뿐이었습니다.
"그러면 네 본관은 알고 있느냐?"
"본관이요? 그게 뭔데요?"
"이런, 세상에! 쯧쯧쯧. 도대체 애한테 무엇을 가르친 게냐?"
작은할아버지는 못마땅한 얼굴이 되어 혀를 찼습니다. 옆에 있던 엄마의 얼굴이 빨개졌습니다.
작은할아버지의 노여움은 거기에서 끝나지 않았습니다. 회사에서 퇴근한 아빠까지 작은할아버지의 꾸지람을 들어야 했습니다.
"지금 애가 몇 살인데 여태 제 할아버지 이름도 몰라? 자기의 근본을 모르는 사람은 뿌리 없는 나무와 같은 것이다. 이건 누구보다도 애비 잘못이 커!"
"죄송합니다. 제 잘못입니다."
아빠는 작은할아버지 앞에서 고개를 푹 숙이며 쩔쩔맸습니다. 가람이는 자기 때문에 아빠가 꾸중을 듣는 것 같아서 마음이 편치 않았어요. 언젠가 아빠가 할아버지의 이름을 가르쳐 주었지만 가람이는 그것을 흘려 들었지요.

"그리고 가람아."

작은할아버지가 다시 인자한 목소리로 가람이를 불렀습니다.

"사람이란 자기의 조상에 대해서 알고 있어야 하느니라. 다시 말해서 자기 뿌리를 알아야 한다는 말이다. 아까 할아버지가 말했던 본관이란 그 집안의 맨 처음 조상인 할아버지가 태어난 고향이란다. 각각의 성마다 본관이 여러 가지가 있지. 우리 집안의 본관은 파평이다. 그러니까 다른 사람들이 네 본관이 뭐냐고 물으면 '파평 윤씨'라고 하면 되는 거지."

가람이는 고개를 끄덕이며 작은할아버지의 말씀에 귀를 기울였습니다.

"그리고 네 할아버지 성함은 윤, 석(자), 진(자)니라. 할아버지가 이 세상에 안 계신다 해도 최소한 성함 정도는 기억하고 있어야지."

"예, 알겠어요. 이제부터는 할아버지의 성함과 제 본관을 꼭 기억하겠어요."

"오냐, 그래야지."

작은할아버지는 그제야 마음이 풀어진 듯 너털웃음을 웃었습니다.

조상에 대한 짧은 생각

해마다 설날이나 추석 때면 변함없이 볼 수 있는 광경이 있습니다. 고향을 향해 떠나는 사람들의 모습입니다. 고속도로마다 차량으로 붐비고, 버스 터미널이나 기차역은 귀향을 서두르는 사람들로 복잡합니다.

평소보다 두 배가 넘는 긴 시간이 걸리는 것을 마다하지 않고 명절마다 고향으로 가는 이유는 무엇 때문일까요? 고향의 부모님을 만나고, 오랫동안 떨어져 지내던 형제를 만나고, 조상들에게 차례를 지내려는 마음이 고향으로 향하는 사람들의 발걸음을 재촉하는 것입니다.

고향에 도착한 사람들은 오랜만에 만나는 웃어른과 친척들에게 인사하고, 성묘를 하며, 조상들에게 차례를 지냅니다.

우리 민족은 이렇게 부모님은 물론 조상들에게도 예의를 갖추며 공경하는 아름다운 풍속을 지니고 있습니다. 그러기에 가문의 족보를 중요하게 생각했고, 선산을 잘 돌보았으며, 자신의 본관에 대해 자부심을 가졌지요. 그 모든 일은 결국 자신의 뿌리를 찾으려는 노력이겠지요. 물론 요즘 세태에는 그런 것이 뭐 중요하냐고 여길 수도 있겠지만, 이 땅에서 수천 년을 살아온 우리 삶을 우리가 모른다면 누가 알아주겠습니까?

네 본관은 어디인고? **157**

장래 희망 정하기

30년 전의 약속

어느 작은 병원이 있었습니다. 그 병원의 의사 선생님은 친절하고 환자들을 잘 돌보았기 때문에 많은 환자들이 찾았습니다.

의사 선생님은 환자의 가정 형편이 어려운 경우에는 치료비를 아예 받지 않는 경우도 있었어요. 또 자주 무료로 의료 봉사 활동을 펼치기도 했어요. 그렇기 때문에 의사 선생님의 아내는 가끔 불만스러워 했습니다.

"이제 우리도 치료비는 제대로 받아요."

"아니오. 나는 30년 전에 한 약속을 지켜야 하오."

"30년 전에 무슨 약속을 했는데요?"

의사 선생님은 잠시 눈을 감고 옛 생각에 잠겼습니다. 30년 전의 일이 어제 일처럼 떠올랐어요.

"선생님, 우리 어머니를 살려주세요!"

한 소년이 자기 어머니와 함께 병원에 들어오더니 무조건 원장 선생님에게 매달렸습니다. 소년의 어머니는 손으로 배를 움켜쥐면서 그대로 병원 침대에 쓰러지고 말았어요.

　원장 선생님은 깜짝 놀라서 소년에게 물었습니다.

　"무슨 일이냐?"

　"우리 어머니가 저렇게 배가 아프다고 괴로워하세요. 제발 도와주세요."

　원장 선생님은 소년의 어머니를 진찰하더니 심각한 얼굴로 말했습니다.

　"맹장염이구나. 당장 수술해야겠다."

　"예? 수술이요?"

　"그래. 수술을 하지 않으면 큰일 난다."

　"그렇지만 저희는 수술비가 한 푼도 없어요."

　"다른 보호자는 안 계시니?"

　"안 계셔요. 아버지는 제가 어릴 때 돌아가셨어요."

　원장 선생님은 소년의 딱한 사정을 듣고 나서는 뜻밖의 말을 했습니다.

　"수술비는 걱정하지 마라. 우선 수술부터 하자."

　"예? 정말이세요?"

　소년은 믿어지지 않는 듯 두 눈을 크게 떴습니다. 벌써 여러 병원에서 거절당했던 터라 더욱 그러했습니다. 소년의 어머니

는 무사히 수술을 받을 수 있었고 건강한 몸으로 퇴원하게 되었습니다.
"정말 감사합니다, 선생님. 수술비는 꼭 갚겠어요."
소년은 원장 선생님에게 몇 번이나 머리를 조아리며 고마워했습니다.

"그래, 어른이 되어 돈을 벌면 찾아오렴. 그리고 그때 내가 없으면 다른 사람들에게라도 꼭 갚아야 한다."

"그게 무슨 말씀이신지요?"

"네가 나중에 훌륭한 사람이 되면 형편이 어려운 사람들을 돕도록 해라. 그게 네가 빚을 갚는 방법이란다."

그 순간 소년은 자신의 꿈이 새롭게 자리 잡는 것을 느낄 수 있었습니다.

'그래, 나도 원장 선생님처럼 가난한 환자들의 생명을 구할 수 있는 훌륭한 의사가 되겠어.'

그 뒤 소년은 열심히 공부했고, 많은 세월이 흘렀을 때 자신의 꿈을 이룰 수 있었습니다. 젊은 의사는 어머니를 치료해 준 원장 선생님을 수소문하여 찾아 나섰지만, 이미 세상을 떠났다는 안타까운 소식을 들어야 했습니다.

젊은 의사는 발걸음을 돌리면서 자신의 어릴 적 약속을 마음에 되새겼습니다.

'선생님, 선생님의 뜻을 받드는 것이 선생님과의 약속을 지키는 것이겠지요? 원장 선생님과의 약속을 꼭 지키겠습니다.'

이야기를 끝낸 의사 선생님의 눈에 눈물이 고여 있었습니다. 아내는 말 없이 의사 선생님의 손을 다정하게 잡아 주었습니다.

꿈에 대한 짧은 생각

한 소년이 무지개를 잡으려고 길을 떠났어요. 그런데 무지개가 있는 곳으로 가면 그 무지개는 꼭 전과 같은 거리만큼 떨어져 있는 것이었어요. 그러면 소년은 또 무지개를 찾아 떠나갔지요. 그렇게 많은 세월이 흐르자 소년은 무지개를 잡는 일을 포기했어요.

"그래, 이제 알겠어. 무지개는 도저히 잡을 수 없는 거야."

바로 그 순간 소년의 머리가 갑자기 하얗게 세었고 얼굴은 주름투성이가 되었어요.

이것은 김동인이 지은 〈무지개〉라는 이야기의 일부입니다. 이 이야기에서 무지개는 꿈을 가리킵니다. 소년이 무지개를 잡겠다는 꿈을 버리지 않았다면 결코 늙지 않았을 것입니다.

꿈을 갖는다는 것은 가슴 속에 씨앗을 심는 것입니다. 씨앗은 싹이 터서 자라고, 나중에는 꽃이 피고 열매를 맺습니다. 하지만 아예 씨앗조차 심지 않는다면 꽃과 열매를 어찌 바랄 수 있을까요?

물론 전혀 이루어질 수 없는 허황된 꿈을 꾸거나, 꿈은 있으되 노력이 따르지 않는다면 아무 소용없겠지요.

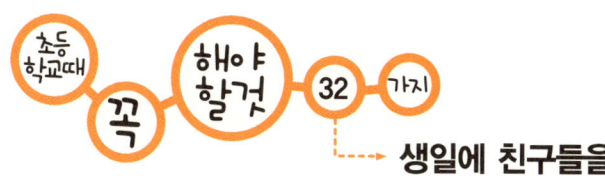

생일에 친구들을 집에 초대하기

엄마가 차려준 생일상

"다른 애들은 패스트푸드점이나 패밀리 레스토랑에서 생일 잔치 하던데……."

준기는 집에서 생일 잔치를 하는 것이 어쩐지 내키지 않는 눈치였습니다.

"그런 데는 맛이 비슷비슷하잖아. 너, 엄마 요리 솜씨를 못 믿어서 그러니?"

"그게 아니고요. 아이들이 별로라고 생각할까 봐 그래요. 또 그 많은 음식을 차리려면 엄마도 힘드실 것 아니에요? 밖에서 하면 간단하고 편하잖아요."

"그런 걱정은 하지 않아도 돼. 뭐니 뭐니 해도 엄마의 정성이 가득 담긴 음식이 최고인 거야. 그나저나 친구들은 몇 명이나 올 거니?"

"한 열 명 정도 될 거예요."

준기는 시큰둥하게 대답했습니다.

준기가 학교에 간 뒤에 엄마는 청소기를 돌리며 중얼거렸습니다.
"녀석이 엄마를 은근히 무시한단 말이야. 왕년에 엄마가 요리 학원 강사였다고 그렇게 말했는데도. 그날 단단히 실력 발휘를 해야지."
엄마는 생일상을 풍성하게 차려서 준기를 깜짝 놀라게 해야겠다고 다짐했습니다.
마침내 준기의 생일이 되었습니다. 엄마는 아침부터 생일상을 차리느라 정신이 없었어요. 아이들이 먹기 좋게 꼬마김밥을 만들고, 매콤한 떡볶이도 만들었어요. 갖가지 채소와 버섯을 넣은 잡채, 바삭하게 튀긴 탕수육, 샐러드, 과일 화채 등등. 그리고 모든 음식들은 뷔페

처럼 먹을 수 있도록 종류대로 큰 접시에 담아 놓았어요.

혼자서 그 많은 음식을 했지만, 준기와 준기 친구들이 맛있게 먹을 생각을 하니 힘든 줄도 몰랐습니다.

딩동 딩동!

초인종 소리가 울렸습니다. 벌써 준기가 학교에서 친구들을 데리고 온 모양입니다. 엄마가 현관문을 여니 꼬마 친구들이 우르르 몰려 들어왔습니다.

"안녕하세요?"

아이들은 인사를 하자마자 소란스럽게 집안으로 뛰어 들어왔습니다. 그리고 거실에 차려진 생일상을 보더니 모두들 두 눈이 휘둥그레졌어요.

"우와, 맛있겠다!"

아이들은 먹고 싶은 듯 침을 꼴깍 삼켰습니다. 준기도 놀란 표정이었습니다. 엄마가 이렇게 근사한 생일상을 차려 놓았으리라고는 생각도 못 했거든요. 엄마는 그 모습을 보니 마음이 흐뭇해졌습니다.

"배고프지? 각자 개인 접시에 덜어서 먹어. 음식은 많이 있으니까 싸우지 말고."

엄마의 말이 끝나기가 무섭게 아이들은 자리에 앉아서 음식을 덜어 먹기 시작했습니다. 음식을 먹으면서도 아이들은 쉴 새 없이 재잘거렸습니다.

"떡볶이가 매우면서도 달다."

"김밥이 되게 쪼그맣다. 입에 쏙 들어가."

"탕수육도 맛있어. 이 탕수육 중국집에서 배달시키셨어요?"

어떤 꼼꼼한 친구는 엄마에게 직접 묻기도 했습니다.

"아니, 아줌마가 직접 만들었어."

질문한 아이의 입이 딱 벌어졌습니다.

"아줌마, 혹시 옛날에 요리사였어요?"

"요리 학원 선생님이었어."

"아! 어쩐지……."

아이들은 그럼 그렇지 하는 표정으로 고개를 끄덕였습니다.

그날 준기의 친구들은 음식도 배불리 잘 먹고, 신나게 놀다가 돌아갔습니다.

엄마가 상을 치우고 있는데, 준기가 다가오더니 엄마를 뒤에서 안았습니다.

"왜 이러니?"

"오늘 힘드셨죠? 정말 고맙습니다."

엄마는 일부러 시큰둥하게 대답했습니다.

"그것 봐. 엄마한테 맡기라고 했지?"

생일 잔치에 대한 짧은 생각

 내가 태어난 생일을 누군가 잊지 않고 기억해 준다는 것, 친한 사람들을 생일에 초대하여 함께 음식을 먹는다는 것은 행복한 일이지요.

 그런데 요즘은 생일 잔치를 밖에서 하는 경우가 많아졌어요. 일일이 음식을 준비하고, 그 뒤처리를 하는 일이 힘들기 때문이지요. 패밀리 레스토랑, 패스트푸드점에서 생일 잔치를 하게 되면 편하고 더 화려하게 느껴질지도 모릅니다. 그러나 그런 잔치에서는 훈훈한 정이 별로 느껴지지 않습니다.

 엄마가 우리를 위해 음식을 정성껏 만들고 손님을 초대하는 것이 더 의미 있고 따스하게 생각됩니다. 그 음식에는 우리를 위한 엄마의 사랑과 정성이 듬뿍 담겨 있기 때문이지요. 그것이 진정으로 생일을 축하하는 마음의 표시일 거예요.

 엄마가 차려주는 생일상을 진심으로 고맙게 생각하는 여러분이 되었으면 좋겠어요. 우리를 낳고 길러 주신 분의 은혜를 되새기는 생일이 된다면 더 보람 있겠지요?

엄마가 차려준 생일상

가족 회의 하기

일요일 저녁의 풍경

일요일 저녁에 아람이 가족은 거실에 모였습니다. 가족 회의를 하기 위해서였지요.

몇 달 전부터 시작된 가족 회의는 이제 아람이네 주중 행사로 자리를 잡았습니다. 처음에 가족 회의를 할 때는 아람이나 소라는 무슨 말을 해야 할지 몰라서 쭈뼛거리다가 회의가 끝나곤 했어요. 그런데 이제는 회의하는 데 익숙해져서 제법 실속 있는 의견도 내놓게 되었답니다. 자신의 의견을 똑똑히 이야기할 수 있다는 것 자체가 발전이라고 생각되어서 엄마 아빠는 기분이 좋았습니다.

거실의 탁자에는 엄마가 예쁘게 깎은 과일이 놓여 있습니다. 밖에서는 비 내리는 소리가 운치 있게 들려 옵니다. 회의는 우선 각자 돌아가면서 지난주의 생활을 돌아보는 것으로 시작되었습니다.

아빠: 우선 아람이에 대해서 칭찬할 일이 있어. 지난주 회의에 나온 의견처럼 컴퓨터를 정해진 시간에만 하더구나. 앞으로도 계속 그렇게 행동했으면 좋겠다.

엄마: 소라가 심부름을 잘해 주어서 엄마가 한결 편해졌어. 이 자리를 빌려서 소라에게 고맙다는 이야기를 해 주고 싶어.

아람: 아빠가 담배를 많이 줄여 피셔서 기뻐요. 아빠의 건강과 저희들의 건강을 위해서 담배를 아주 끊으시면 더 좋을 텐데.

아빠: 그래, 차츰 끊을 수 있도록 노력하마.

소라: 엄마, 외출하실 때 어디에 가시는지 메모를 해 주셨으면 좋겠어요. 엄마가 어디 가셨는지 몰라서 궁금하기도 하고, 엄마를 찾는 전화가 왔을 때 정확한 대답을 할 수 없거든요.

엄마: 알았어. 앞으로 외출을 할 때면 꼭 메모를 해놓고 갈게. 그리고 우리 식구 모두에게 부탁하고 싶은 게 있어요. 빨래 할 옷들은 꼭 세탁 바구니에 넣어 두었으면 좋겠어요. 방안에 그냥 두니까 일일이 찾아서 빨래하기가 힘들어요.

아빠, 아람, 소라: 예.

그 다음에는 새로운 안건에 대한 토론을 했습니다.

엄마: 이번 달 관리비가 지난달보다 많이 나왔어요. 특히 전기료

와 수도료를 아끼면 관리비를 줄일 수 있으니 그 구체적인 방법을 이야기해요. 요즘 날이 덥다고 에어컨을 많이 사용하는데 되도록 선풍기를 사용하는 게 좋겠어요.

아빠: 텔레비전을 밤늦게까지 본 것을 반성하겠어요.

아람: 수돗물을 튼 채 양치질을 하지 말고 컵에 물을 담아서 양치질하면 물을 아낄 수 있어요.

소라: 방마다 불을 다 켜 놓을 때가 많아요. 안 쓰는 방의 불은

꼭 껐으면 좋겠어요.

아빠: 지금 우리가 이야기한 것만 지켜도 관리비를 많이 줄일 수 있으리라 생각해요. 그러면 다음 안건을 이야기할게요. 아빠의 휴가가 다음주로 잡혔어요.

아람, 소라: 와! 신난다.

아빠: 그래서 어디로 놀러 갈지를 정해야겠는데 각자 의견을 이야기해 봐요.

아람: 바다로 갔으면 좋겠어요.

소라: 저는 산에 가고 싶어요.

엄마: 산이든 바다든 상관없는데 집에서 너무 멀면 오고 가는 데 많이 힘드니까 좀 가까운 곳이면 좋겠어요.

아빠: 아빠의 생각도 그래요. 그리고 역사적인 유적지면 더 의미가 있을 거라고 생각해요.

아람이 가족은 의논 끝에 바다가 가까이 있는 유적지에 가기로 결정했습니다.

가족 회의에 대한 짧은 생각

가족이란 이 세상에서 내가 속한 가장 가까운 사회입니다. 하지만 가깝기에 더 어려울 수 있는 관계이기도 하지요.

여러분도 부모님이나 형제자매에 대해서 서운한 마음을 가질 때가 많았을 거예요. 그것은 가족이라 하여 믿고 의지하는 마음이 너무 강하기 때문이에요.

가족들과 모두 모여 대화를 나눈 적이 있나요? 대화를 하다 보면 서로의 마음속에 담겨 있던 서운함이나 앙금을 털어 버릴 수 있어요.

온가족이 대화할 수 있는 방법을 찾아볼까요? 한 주에 한 번 정도는 가족과 한자리에 모여 시간을 보내면 좋겠어요. 텔레비전을 보면서 있는 것이 아니라 가족 회의를 여는 거예요. 주제는 무엇이든 좋지요. 세상 돌아가는 이야기에 대한 토론도 좋고, 그 동안 읽은 책에 대한 느낌을 이야기해도 좋아요. 가족들에게 바라는 점, 고마웠던 점, 미안했던 점에 대해 솔직하게 털어놓아도 한층 정이 돈독해지는 걸 느낄 수 있을 거예요. 한 주에 단 한 시간이라도 여러분의 가족을 위해 시간을 비워 두세요.

→ 올바른 젓가락질 배우기

한국인은 역시 젓가락질이 최고!

한별이 할아버지가 시골에서 올라왔습니다. 그날 저녁에 아빠도 일찍 퇴근하여 오랜만에 온가족이 식탁에 앉았습니다.

할아버지는 식사를 하는 도중에 한별이가 밥 먹는 모습을 유심히 바라보더니 물으셨습니다.

"한별아, 왜 젓가락질을 안 하니?"

한별이가 포크로 반찬을 찍어 먹는 것이 이상스러웠던 모양입니다.

"젓가락질을 잘 못 해서요. 젓가락으로 반찬을 집으면 자꾸 흘리거든요."

"못 하니까 자꾸 연습해야지. 누가 콩나물이나 김치를 포크로 먹어?"

"제 친구들도 포크를 많이 사용해요. 어떤 애는 미역국도 포크로 건져 먹고 반찬도 포크로 찍어 먹는걸요."

"볼썽사납게 그게 뭐냐? 한별이 너는 절대 그러지 말아라. 한

국 음식을 먹으려면 젓가락을 사용해야지."

할아버지는 이번 기회에 한별이에게 젓가락질을 가르쳐야겠다고 결심했어요. 그래서 저녁식사가 끝난 뒤에 젓가락을 들고 말씀하셨어요.

"자, 할아버지가 하는 대로 따라해 보아라."

한별이는 할아버지가 시키는 대로 젓가락을 쥐었습니다. 그리고 할아버지가 하는 것처럼 젓가락질을 해 보았지만 영 어려웠습니다.

"너무 어려워요, 할아버지."

한별이는 지친 나머지 울상이 되었습니다. 할아버지가 한별이를 달랬습니다.

"처음에는 어렵지만 자꾸 연습하면 나중에는 쉽게 할 수 있을 거다. 할아버지도 어릴 때는 젓가락질을 얼마나 못 했다고. 그렇지만 어른들한테 자꾸 배워서 연습하니까 언제부터인가 잘하게 되었어."

"할아버지, 그렇게 어려운 젓가락질을 왜 해야 하나요?"

"그것은 우리 음식에 어울리는 문화이기 때문이지. 밥과 국물은 숟가락으로 먹듯 반찬은 젓가락으로 먹는 것이 우리나라의 음식 문화란다. 포크가 사용하기는 쉬울지 모르지만 ,그건 서양에서 전해져 온 도구라서 우리 음식에는 어울리지 않아."

그러면서 할아버지는 한별이가 몰랐던 한 가지 사실을 알려 주었습니다.

"한별아, 젓가락질을 하면 머리가 좋아진단다. 그건 몰랐지?"

"예? 정말이요?"

"정말이지. 젓가락질을 하면 손의 관절과 근육이 움직이면서 손 운동이 되거든. 손 운동은 뇌의 활동을 도와주기 때문에 당연히 머리가 좋아지지."

할아버지의 말을 듣고 보니 젓가락질을 얼른 배워야겠다는 생각이 들었어요. 그래서 한별이는 할아버지가 시골에 내려간 뒤에도 젓가락질 연습을 열심히 했어요.

급식 시간에 한별이는 의젓한 태도로 젓가락을 사용하여 반찬을 집어 먹었습니다. 그 모습을 본 친구들이 깜짝 놀랐습니다. 얼마 전까지도 자기들처럼 포크를 사용하던 한별이었기 때문이지요.

"한별아, 너 제법이다. 언제부터 그런 실력이 되었니?"

"그러게. 꼭 우리 엄마 아빠처럼 젓가락질을 하는데?"

한별이는 으스대며 말했습니다.

"그것이 다 땀 흘려 훈련한 결과 아니겠니? 너희도 좀 배워 둬. 배워서 남주냐? 우리 할아버지가 그러시는데 젓가락질을 잘하면 머리도 좋아진다더라."

"정말? 한별아, 우리도 젓가락질하는 방법 좀 가르쳐 줘."

친구들은 한별이에게 모여들어 사정했습니다. 한별이의 인기가 갑자기 높아지는 순간이었지요.

젓가락에 대한 짧은 생각

우리가 밥 먹을 때 하는 젓가락질이 손재주를 늘게 하고 머리를 좋게 한다는 사실이 과학적으로 증명되었어요. 젓가락질을 할 때 관절들과 근육들이 움직이면서 손 운동이 된대요. 손 운동을 하면 머리가 좋아지기 때문에 젓가락질을 잘하는 게 머리를 좋게 하는 방법 가운데에 하나가 되는 거예요.

물론 처음에 젓가락질을 하기는 어렵습니다. 두 개의 막대를 손가락에 끼고 물건을 집기 위해서는 기술이 필요하기 때문이지요.

그렇지만 아무리 어려워도 한국 사람이라면 올바른 젓가락질을 익혀야 한답니다. 젓가락질은 우리 음식 문화에서 중요한 비중을 차지하고 있으니까요.

실제로 요즘은 젓가락질의 우수성과 필요성을 깨닫고 젓가락 사용을 적극 권장하고 있답니다.

전통 문화 체험하기

참 좋은 우리 전통

설날 아침입니다. 한복을 입은 민재가 세배하는 모습을 본 할아버지와 할머니는 흐뭇한 표정을 짓습니다.

"할아버지 할머니, 새해 복 많이 받으세요."

"오냐. 우리 민재도 새해에는 건강하고 공부도 잘 해야지."

할아버지는 준비한 세뱃돈을 주었습니다. 민재는 두 손으로 공손히 세뱃돈을 받으며 감사의 인사를 했습니다.

"고맙습니다."

민재의 행동은 전과는 좀 다르게 느껴졌습니다. 더 점잖아지고 차분해졌다고 할까요?

"우리 민재가 훨씬 어른스러워졌구나. 절도 아주 잘하고. 나이를 한 살 더 먹어서 그런가?"

할머니의 말에 아빠가 대답했습니다.

"방학 동안에 예절 학교를 보냈거든요."

"예절 학교? 그게 뭐냐?"

할아버지가 궁금한 듯 물었습니다.

"예. 학생들에게 전통 예절을 가르치고 전통 문화를 체험하게 하는 곳이에요. 도움이 될 것 같아 보내 봤는데 배워 온 게 많더군요."

할아버지는 아빠의 말을 들으며 고개를 끄덕였습니다.

"그렇지. 전통이란 좋은 거야. 아무렴, 그래야지. 우리나라 사람이면 우리나라의 예절과 문화를 알아야 하고말고."

민재가 예절 학교에 가게 된 것은 너무 산만한 행동 때문이었어요. 엄마 아빠는 그런 민재 때문에 걱정을 많이했는데 덜렁거리고 산만한 행동을 고치기는 여간 어려운 일이 아니었지요.

생각다 못해 엄마는 민재를 예절 학교에 보내기로 했습니다. 엄마가 엄마의 친구를 통해 예절 학교에 대한 정보를 듣고 결정한 일이었습니다. 절하는 법이라든가 한복 입는 방법이나 다도(차 마실 때의 예절) 등 전통적인 예절과 문화를 배운다는 말에 귀가 솔깃해진 것입니다.

아닌 게 아니라 민재가 예절 학교에 있다가 돌아온 뒤부터 달라진 행동들이 많아서 엄마와 아빠는 보람을 느꼈습니다.

"민재야. 그 곳에서 가장 기억에 남았던 것이 뭐였니?"

할아버지의 물음에 민재는 또박또박하게 대답했습니다.

"예. 우리의 예절이 어렵고 까다롭다는 거였어요. 절하는 방법도 어렵고, 차 마실 때의 예절인 다도도 힘들었어요."

"그래. 하지만 우리의 예절이 까다롭다기보다는 그만큼 예의가 있었다는 증거란다. 또 다도를 하면서 우리 민족은 마음을 수양했었지. 지금처럼 뭐든지 빨리, 급하게 하는 생활 태도에 비하면 여유가 있는 생활이었지."

"그런데 우리의 전통 문화가 생각보다는 재미있었어요. 투호놀이도 하고 천연 염색도 하고 사자소학도 배웠는데 아이들 모두 신나고 즐거워했어요. 여태까지 전통이라고 하면 답답하고 재미없는 것으로만 생각했는데 그게 아니었어요."

"우리 민재가 많은 것을 배워 왔구나. 사실 그런 전통 문화는 길이 살리고 보전해야 하는데 세상이 바뀌면서 많이 사라지고 변해 가서 안타깝구나. 아무리 세월이 흘러도 우리의 전통에 살아 숨 쉬는 정신은 변하면 안 되는데."

할아버지의 말이 옳았습니다. 세상이 빠르게 변하면서 우리는 정말 많은 것을 잃어버리고, 잊어버리고 사는 게 분명하니까요.

전통에 대한 짧은 생각

　　외국의 문화가 밀려 들어오면서 언제부터인가 우리의 전통은 설 곳을 잃어 가고 있습니다. 전통이라는 것은 박물관이나 명절 때나 볼 수 있는 옛것일 뿐이라는 생각이 자리 잡고 있는 거지요. 어떤 사람들은 전통에 대해 케케묵고 구식이라는 생각을 갖기도 합니다. 이런 생각들이 옳은 것일까요?

　　전통이란 우리 민족의 정신이 담겨 있는 문화 유산입니다. 그것이 물질적인 것이든 정신적인 것이든 말입니다. 그런데 우리는 우리의 전통을 다락방에 꽁꽁 숨겨 놓은 골동품처럼 취급할 때가 많아요. 그리고 가끔 꺼내 보면서 '그래, 이것이 우리의 전통이야' 하고 생각함으로써 겨우 명맥을 유지할 뿐입니다. 전통을 그저 '사라져 가는 옛것'이라고 단정 짓고 살아가는 경우도 많습니다.

　　이제부터라도 우리의 전통적인 유산을 우리 생활에 좀 더 가까이 둘 수는 없을까요? 우리의 전통을 현대의 감각에 맞추어 발전시킬 수는 없을까요? 나아가서 우리의 전통을 세계에 널리 알릴 수는 없을까요? '가장 한국적인 것이 가장 세계적인 것이다'라는 말을 실현시킬 수 있게 말이에요.

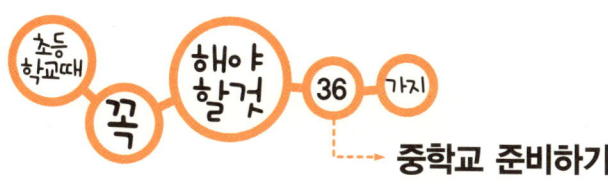

중학교 준비하기

나는 중학생이다

"빛나는 졸업장을 타신 언니께 꽃다발을 한 아름 선사합니다. 물려받은 책으로 공부를 하며 우리도 언니 뒤를 따르렵니다."

동생들이 불러 주는 '졸업식 노래'를 듣고 있는 희주의 눈에 자기도 모르는 사이에 눈물이 고였습니다. 방금 전까지만 해도 친구들과 웃으며 장난을 치고 있었는데, '졸업식 노래'를 들으니 이제야 졸업한다는 사실이 실감나는 것입니다.

희주는 강당이며 학교 안의 모습을 찬찬히 둘러보았습니다. 육 년 동안 한결같이 희주와 함께했던 모든 것들이 그리도 정답게 느껴질 수가 없었습니다. 학교를 다닐 때에는 미처 느끼지 못했던 마음이었습니다.

"희주야, 활짝 웃어 봐. 웃어야 사진이 잘 나오지."

카메라를 든 아빠가 희주에게 말했습니다. 꽃다발을 들고 엄마와 선 희주는 웃음을 지으며 아빠의 사진기를 똑바로 쳐다보

았습니다.

찰칵! 찰칵!

사진기는 연속적으로 희주의 예쁜 모습을 담았습니다.

졸업식이 끝나고 교문을 나서는 희주는 몇 번이고 자신이 졸업한 학교를 뒤돌아보았습니다. 그리고 학교를 향해 마음속으로 인사를 나누었습니다.

'정든 교정, 다정했던 선생님들, 그리고 내 친구들아. 모두 모두 안녕!'

졸업한다고 해서 이 학교를 다시는 못 보는 것은 아닌데, 왜 그렇게 마음이 쓸쓸한지요.

"졸업은 끝이 아니라 새로운 시작이야."

졸업식 날에 선생님이 해 준 말씀입니다. 희주는 그 말이 맞다고 생각했습니다. 초등학교를 졸업함과 동시에 중학교 입학이 기다리고 있었으니까요.

희주는 새로 구입한 중학교 교복을 입고 거울 앞에 서 보았습니다. 거울 속에서는 약간 헐렁한 교복을 입은 소녀가 웃음을 짓고 있었습니다. 생각보다 교복이 잘 어울렸고 진짜 중학생처럼 보여서 기분이 좋았습니다.

"와, 교복을 입으니까 확실히 달라 보이네. 이제 정말 중학생 같다."

엄마도 교복을 입은 희주가 대견한 듯 말했습니다.

"희주야, 이제 중학생이니까 더 열심히 공부해야 해. 중학교는 초등학교 때와는 다르거든. 머리 좋은 것만 믿고 열심히 하지 않으면 친구들한테 금방 뒤떨어져. 알았지?"

중학교 생활에 대한 기대로 부풀었던 희주는 엄마의 잔소리에 금세 시무룩해졌습니다. 중학교가 초등학교 때보다 더 힘들다니 은근히 걱정도 되었습니다. 그런 희주의 마음을 눈치 챈 듯 아빠가 위로의 말을 건넸습니다.

"너무 걱정하지 마. 아빠는 희주가 공부 잘하는 학생이 되는 것보다 학교 생활에 잘 적응하고 친구들과도 잘 어울리는 건강한 학생이 되는 게 더 좋으니까."

아빠의 말을 들으니 희주도 마음이 좀 놓였습니다. 그래서 엄마를 향해 삐죽 입을 내밀었습니다.

"엄마는 공부밖에 몰라."

입학식을 며칠 앞둔 어느 날이었습니다. 희주는 마트에 가는 길에 우연히 자기가 다닐 중학교를 지나게 되었어요.

"아, 우리 학교다."

희주는 걸음을 멈추고 교정 안을 둘러보았습니다. 얼마 있으면 그 안에 있게 될 자신의 모습을 생각하니 어쩐지 자기 자신이 대견하게 생각되며 미소가 지어졌지요.

"그래, 나는 이제 중학생이야."

졸업에 대한 짧은 생각

초등학교에 입학하던 때가 생각나세요? 학교에 처음 발을 디뎠을 때 호기심과 두려움으로 사방을 둘러보던 어린날의 기억이 떠오르나요?

초등학교를 다니면서 많은 선생님들에게서 배웠고, 많은 친구들과 만났을 거예요. 즐거운 일, 슬픈 일, 괴로운 일도 있었을 것이고, 그런 일들을 겪으면서 여러분은 이만큼 자랐어요.

그렇게 되기까지 많은 분들의 보살핌이 있었겠지요. 부모님, 선생님의 사랑은 물론 친구들과의 소중한 우정도 한몫 단단히 하고 있답니다.

졸업을 축하하는 것은 그만큼 성장한 여러분에 대한 축하이기도 하지만, 여러분이 졸업할 수 있도록 도와주신 많은 분들께 감사하는 마음을 나타내는 것이기도 합니다.

졸업식을 하기 전에 여러분이 공부했던 교실을 둘러보세요. 그리고 여러분이 뛰어 놀았던 운동장을 걸어 보세요. 학교 구석구석까지 여러분의 숨결과 꿈이 스며 있다는 것을 느낄 수 있을 거예요.

초등학교 때
꼭 해야할 것
36가지
난 너를 믿어

2012년 3월 20일 초판 1쇄 펴냄
2012년 10월 15일 초판 2쇄 발행

지은이 한혜선
그린이 강화경
기획 길도형
펴낸이 길도형
디자인 우디
인쇄 영프린팅
제책 진성바인텍
펴낸곳 장수하늘소
출판등록 제406-2007-000061호
주소 경기도 파주시 문발동 617-12 1층
전화 031-957-1342
팩스 031-957-1343
E-mail jhanulso@hanmail.net

ⓒ한혜선, 강화경, 장수하늘소 2012
ISBN 978-89-94627-20-5 74080

파손된 책은 해당 도서의 구입 서점에서 바꾸어 드립니다.
이책의 무단 전재 및 복제를 금합니다.
가격은 뒤표지에 있습니다.